# スローライフの停留所

## 〜本屋であったり、図書館であったり〜

内野安彦

# スローライフの停留所

〜本屋であったり、図書館であったり〜

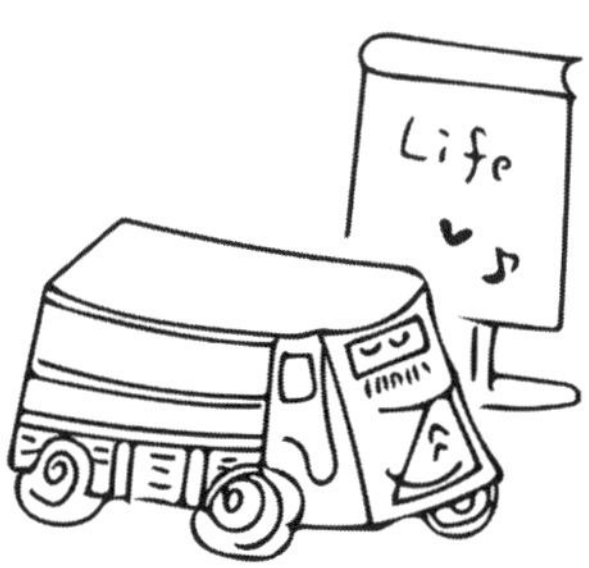

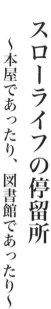

# はじめに

図書館法が公布されたのは１９５０年の4月30日。日本図書館協会は、この日を図書館記念日と定めています。この法律が施行されて18年経った１９６８年7月10日、世田谷区立図書館の広報紙『図書館だより』が創刊されました。すでに世田谷区の人口は約80万人。大都市です。この創刊号で面白い記事を見つけました。最終頁の「利用者の声」です。そこにこう書かれていました。「図書館が本を貸して下さるって？　その話をきいたとき、私は半信半疑でした」。

この記事は、２０１８年1月27日に当館で講演を頼まれ、講演前に館内を見歩いていたとき、たまたま地域資料の棚にあった広報紙から見つけました。

早速、この話を当日の講演のマクラで使わせてもらいました。１９６８年当時、私の住む鹿島町（現在の鹿嶋市）には公共図書館はありませんでした。鹿島開発で急激な変貌を遂げ、決して財政が脆弱な自治体ではなく、いっときはラスパイレス指数（地方公務員の給与を国家公務員と比較した数値）が日本一高い町役場と喧伝されるほどの活況を呈していたまちです。鹿島町だけではありません。となりのまち（現在の神栖《かみす》市）にも公共図書館はありませんでした。ちなみに、神栖市は現在でも日本有数の財政力を誇る自治体です。周辺で言えば、北浦を隔て鹿嶋市と隣接する潮来《いたこ》市に公共図書館が開館したのは2006年です。古くから言われる「陸の孤島」は「公共図書館の不毛の地」でもあったのです。

この世田谷の図書館報に載った利用者の声は、いまでも図書館現場でときおり耳にします。公共図書館が「無料で使える施設」という認識のない方に、私が現職時代、館内で何度お目にかかったことでしょう。

私がパーソナリティを務めるFMラジオ番組は放送を開始してから5年半が過ぎました。毎回、図書館員や図書館に関わる仕事に就いている人などをゲストに迎え、その数は延べ300人を超えました。斯界ではちょっとは知られた番組となったようです。この番組に出演されたゲストにリスナーへのメッセージを毎回お願いしています。どんなゲストもあらかじめ決まった台詞かのように「まずは一度でいいから図書館においでください」と発言されます。

人口の少ない町村においては図書館が未整備なところはまだたくさんあるものの、図書館は在住在勤の方しか入館できないといった施設ではありません。個々の自治体で利用条件の違いはあるにせよ、他の公共施設に比べれば、図書館は他市町村の方にもサービスの門戸を開いていています。

図書館の基本的サービスはすべて無料で利用できます。しかし、図書館サービスを受けられている人は、図書館があるまちに住んでいても、その多くは市民の2割にも満たないのです。もったいないことです。そのことを一番よく知っているのはそこで働く図書館員です。そして、頻繁に利用する市民です。みんなもっと使ってくれればいいのに、と。

しかし、図書館は依然として使われていません。いや、使われていないのは理由があります。新しい資料が少ない。施設が使いにくい。施設が遠いなどの理由であれば、それは設置者の責任。改善すべきだし、それを市民は首長に訴えるべきです。

しかし、そもそも図書館サービスに関心がない。日ごろ本を読む習慣もないという人に、無理やり図書館に来てくださいとは言えません。でも、「私は図書館に用がない」という人はどれだけ図書館サービスをご存じなのでしょうか。恥ずかしながら、鹿嶋市役所で企画や総務部門で働いていた頃の私は「図書館はほとんど使わない派」でしたし、別な言い方をすれば「図書館サービスを全く知らない派」でした。

「ライブラリアン・コーディネーターを名乗る内野がそうだったの？」と意外に思わ

れるかもしれませんが、「本は大好き、図書館知らず」であったのです。典型的な食わず嫌いでした。

もう一つ言い訳を許してください。そもそも鹿嶋に公共図書館ができたのは私が社会人になってからのこと。29歳のときです。企画課で図書館開館を知らせるカラー刷りの広報紙づくりに携わっていました。

私のラジオ番組に出演された300人余のゲストの大半が語るのは小学校時代からの公共図書館体験や学校図書館体験。公共図書館や学校図書館で出会った図書館職員に憧れて自分も司書になろうと思った、というのはお決まりのストーリーです。学校図書館に担当の先生はおらず、公共図書館は未知のものだった私には羨ましい限りです。

私は40歳で図書館に異動し、41歳で司書資格を取得。43歳で図書館情報大学大学院に入学し、46歳で図書館情報学修士の学位を取得しました。塩尻市の新図書館建設のため鹿嶋市役所を退職したのが50歳。そして55歳で現場から離れ、在野で図書館と寄り添うように生きていくことを決めました。その積み重ねから、還暦を機に逡巡はしたものの、ライブラリアン・コーディネーターを名乗るようになりました。ライブラリアン・コーディネーターの詳細は本文に譲ることとして、どうしてそこまで図書館にハマってしまったの？　と思う方もいるでしょう。単に好きなだけではこうはなりません。人を幸せにし、自分も幸せになれる。図書館ってそういうところだと思ったからです。だから、在野にこだわり、図書館をなんとかひとりでも多くの人にまず知ってもらい、そして使ってもらう、それを私の仕事としたのです。なぜなら、誰もが等しく享受できる公共サービスだからです。

本書は私の無手勝流のスローライフをベースに図書館を語るコンセプトとしました。還暦を迎えないとなかなか見えない景色や、なかなか聞こえない自然の音があるような気がします。急いでいては見えない景色があるように、忙しく過ごしていると思いの至らないことが少なくないのです。ちょっとのんびり、のほほんとした時間と図書館の関係を綴ってみました。

現職の方はもとより、老後をどうやって有意義に暮らしていくかと考えている人にもヒントとなれば幸いです。

２０１８年６月

ライブラリアン・コーディネーター　内野安彦

〈もくじ〉

はじめに　3

# I　スローライフから見えてきたこと

無手勝流スローライフとは　17
のほほんとした生活が創り出すもの　27
懶惰《らんだ》な日々　33
ターシャ・テューダーとまでは到底いきませんが　36
ラジオ番組が新たなツーリズムを生んだ　42
鹿嶋で生きるということ　47
ようこそ、老後　51

オーラル・ヒストリー　56
たからものとの日々　60
本の読み方を考えてみた　65
マイ・ライブラリー構想　69
いま、なにをやっているの　73
本当のスローライフ　76
辿りついた還暦　80
ホームページをつくってみた　85
七十二候を愛でる日々　89
軽トラが欲しい　93
塩尻は遠くなったけれども　96

# II　図書館員でなくなって見えてきたこと

ライブラリアン・コーディネーターを名乗ってみた　105
図書館員の小粋な仕掛け　109
名刺交換の裏技　113
忘れてはならないこと　118
ブローチの効能　122
当世フライヤー事情　125
ノンバーバルコミュニケーション　132

図書館めぐりも５００館　138
フーテンの寅さんを演じた春２０１７　141
図書館長が書いた本　153
図書館本以外で図書館を伝えるということ　157
カッコいい図書館員　162
ドレスコードと言われても　164
一人でも多くの人との邂逅を記録に　168
これ以上、本屋が街からなくならないように　174
図書館員よ、もっと地方議会に目を向けよう　177
図書館員と図書館人　181
韓・日出版文化フォーラムへと繋がった糸　185

図書館人の性癖　189
言葉から振り返る一年　193
本は旅をする　197
あとがき　207

表紙・本文イラスト　三浦なつみ

# I　スローライフから見えてきたこと

## 無手勝流スローライフとは

2017年9月24日、私はフェイスブックのタイムラインにこんな投稿をした。

目下、実践中。

4時 起床。新聞を読み記事の切り取り。5時から正午までだらだらと執筆。
午後はその日の事情によって、大学の授業の準備、講演会や研修会の準備、庭の草刈り、読書、散歩（ウォーキング）、家事etc.。
17時きっかりに晩酌開始。ビール少々と清酒かウイスキー少々。テレビでニュースを観ながら、文句たらたら（笑）。
20時 酩酊
21時 就寝
ふらっと寄れる喫茶店が鹿嶋で見つからないのが悩み。

この投稿の1年ほど前から、「スローライフ」について書かれたものと、高齢者の生きがいについて書かれたエッセイを好んで読むようになった。生きがいと言っても、教条的な健康志向ではなく、チョイ悪風の生き方指南的なもの。もとより「あなたはこれで○○が叶う」といったキャリアポルノ本は好みではない。

恐らく2016年に迎えた還暦が契機になっているのは間違いない。巷間言われるように確実に身体はあちこち壊れ始め、老化による体調の変化が顕著になってきた。たまたま私は60歳の定年を待たずに役所を早期退職した。理由はいろいろあるが、そもそも50歳の頃だったかと思う。女房に「子どもが大学を卒業したら、役所は辞めるかもしれない」とは告げてあった。

女房は驚くこともなく、また、何か言葉を発することもなかった。私が一度決めたら突っ走る性格であることと、35歳のときにがんが見つかり厳しい治療の末に寛解《かんかい》したこと、この二つに配偶者として付き合ってきたこともあり、私の覚悟を感じ取ったのであろう。

普通の地方公務員だったはずなのに、生来の小さな排気量では飽き足らずボアアップすることになったのは、間違いなく、若くしてがんに襲われたからである。当時、がんは患者に宣告されないのが普通だった。私の場合もそうだった。私が医師に告げられたのは「限りなくがんに近い悪性のものなので、抗がん剤による治療をしましょう」というものだった。私はがんだと思わず、女房だけががんだと告知されていたのである。この事実を知ったのは20年後だった。夫婦にも秘密はあるのである。

大学病院ともなると重症患者は少なくない。退院できずに逝った人、入退院を繰り返す人などを見ていると、同じ大学病院患者として、ずっと彼方のはずだと思っていた終わりの日が、もしかしたらすぐ近くに来ているのではないかとの懸念が強くなった。ならば、ふさぎ込むことなく、限られた時間の中で何かしら自分を変えてみよう。仕事だけに満足せず、いろんなことにポジティブにトライしようと考えるようになったのである。よく耳にする「がんに感謝している」という言葉の意味である。

そうした中でも、結果としてその後の生き方を変えるほどの大きなアクションとなったのは大学院でのリカレント教育だった。

私が社会人として大学院に入学した2000年当時は、図書館界に限って言えば、極めて珍しい存在だった。そのため、必要とされる入学願書を庁内で揃えることさえ困難を極めた。「どうして大学院で学ばなければならないのか」といった問いが人事部門から返ってきたのである。公務員が何を好き好んで大学院で学ぶ必要があるのか、それを奨励する環境は役所にはない、との見解には閉口せざるをえなかった。

人事当局を巻き込み、すったもんだの末、鹿嶋市役所では前代未聞の社会人入学を果たしたのが43歳。そして塩尻市から副市長ら使者が鹿嶋に見えて、新図書館建設の指揮を執ってほしいとの招聘話に再び人事当局を右往左往させたのが50歳。この二つだけでも、鹿嶋市役所では前例のないことだった。

大学院に通っていた頃は、研究に充てるために日常生活の中で削れるものは睡眠時間しかなく、0時過ぎても授業の準備に追われるタイトな毎日。21時に就寝する今とは全く違う生活だった。図書館情報大学には年間100日ほど通った。大学のあるつくば市まで往復120キロ。通学はクルマ、ほかの通学手段はなかった。かりに通学及び研究に要した時間を「時間外勤務」と見立てたら、優に毎月100時間を超えていたものと思う。相当なオーバーワークだった。専攻は図書館情報学。仕事の延長線上にある研究だった。

そして、この生活が一つの評価となったものかどうかは知る由もないが、塩尻市から招聘されることとなる。鹿嶋市は1961年から始まった鹿島開発によりまちは変貌し、特に鹿島町役場（当時）は他県から受験・採用される者が多く、町役場でありながら県庁のような雰囲気があった。しかし、私が着任した塩尻市はそういった雰囲気は全くなかった。そんな中、当時、管理職としては最年少で、かつ中途採用者（しかも50歳）で、さらに市民の注目を集める新図書館建設を担当する図書館長となれば、市役所の一兵卒とはいえ、マスコミや市民の関心は非常に高く、そうした対象となっている私を、快く思わない市職員がいても何ら不思議なことではなかった。

私の招聘に徹底して反対を唱える市職員は少なからずいて、着任してから庁内の諸事情を知るに至り、仕事をするうえで多少のストレスとなった。要は一部の職員からは望まれていなかった館長だったのである。これは塩尻市だけに限ったことではないと思う。

「繁忙を極める」とはまさにこのこと。最低でも月に一回は2泊3日で家族の元へ帰省することとし、それは休暇ではなく出勤日の調整でやり繰りしたので、年間の有給休暇取得は5日程度でしかなかった。

加えて本庁勤務者の勤務日が前提で日程が組まれる市議会、定例教育委員会議及び各種庁内会議をはじめイベントの使役など、本庁と勤務日が合わない図書館ゆえ、勤務を要しない日の出勤は日常茶飯事。さらに、単身生活のアパートと職場が近いこともあり、休日であっても、ふらっと職場に顔を出すことも、これまた日常茶飯事だった。

そして、新館オープンに向けた膨大な懸案事項。単に新しい建物を「造る」のではなく、新しいコンセプトの図書館を「創る」という自らに課したミッション。述懐すると、相当なストレスを貯め込んでいたに違いない。そのツケがある日突然襲ってきたのである。

朝起きた時に鏡に映る自分の顔に浮腫を見つけたのである。日を追うごとに、その浮腫は醜さを増し、スタッフもその異変に気付くところとなった。逡巡していても何も始まらず、病院を転々としながらいろんな検査を重ねた。なかなか原因が特定できず、結局、PET検査の結果、胸郭のリンパ節にがん細胞が見つかった。寛解していたはずの上咽頭がんの20年ぶりの再発との診断だった。見た目は絶好調、しかし、中身は20年間休まず走り続け、ろくにメンテナンスもせずボロボロだったのである。

人間ドックは30代後半に一度受けただけで、40歳になってから一度も受けていなかった。53歳で初めて胃カメラをやった、と友人に話したら、その丈夫さというか、あまりの楽天さに呆れられたことがあった。まさに慢心が招いた再発であった。

今回ばかりは、これで終わりかな、と覚悟した。一応抗がん剤治療もしたが、あまりにＱＯＬに支障をきたしたことから、ここは仕切り直しと考えた。ある意味、延命を拒んだと言ってもいいかもしれない。

　辛いのは病気というより治療なのである。その治療が間違いなく元の体に返してくれるのならば耐えなくもないが、そういった未来が必ずしも描けないのであれば、治療をしない選択というものもあるだろうと思い、その旨を医師に告げた。これまで大学病院で何十人と見てきた、耳を失ったり、声を失ったり、目を失ったりといった辛い治療の甲斐なく逝った人たちを想起すると、この選択に逡巡するものはなかった。

「ホスピスを早めに押さえておいた方がいい」との医師のアドバイスをよそに、治療を止めたところ症状が一変した。それまで50メートルも歩けなかったのが、２か月後には３キロも歩けるようになり、顔の浮腫も徐々に和らいできた。

　どうしてそうなったのか。その理由はわからない。ただ、生活を変えたという事実しかない。その生活とは無手勝流のスローライフの実践であり、後に出会う言葉「懶惰《らんだ》」な日々が奏功したとしかいえない。しかも、必然ではない。あくまで私の場合にのみ当てはまるオンリーワンの偶然に、である。

　懶惰な日々が心身を癒し、微塵もなかった内なる創造性を掻き立てた。そして、医師から生涯外すことはできないと言われていたカニューレ（喉に挿入された医療器具）を外すことができるまでの体調に戻り、喉に開けられた直径1センチほどの穴を縫合することとなった。施術して5年半余が過ぎていた。

つくづく、どうして？と思う。言えるとしたら、先述した無手勝流のスローライフ、いわば「のほほんとした時間」が起こした奇跡なのかもしれない。それは、ジョージ秋山の「浮浪雲」の雲であり、憧れの師である植草甚一の散歩術であり、銀幕の車寅次郎の日々なのである。最後くらい、のんびりとゆったりと生きてみようと思った。そうしたら、体が素直に反応したのである。

どうしてスローライフなのかが読者にわかりにくいと思い、あえて病気のことを書いた。医療行為を拒否し自然の治癒力を信じようなどと言うつもりは毛頭ない。人は千差万別。人がやったことを模しても、それが自分に同じような効果をもたらすものではない。35歳のときの経験があったから、55歳の決断となっただけのことである。あくまでオンリーワンの体験談。そこは勘違いしないでほしい。あくまで生き方の問題である。

ただ、私の場合、もう一つ大きな要因があると思うのである。それは図書館がいつもそばにいたからなのではないか、と。

塩尻市を退職して、55歳からの私の「仕事」は図書館と寄り添って生きることだった。在職中に引き継いで図書館めぐりは続けた。これは趣味のひとつである。また、求めたわけではないが、退職して半年後には現在に至る「仕事」がほぼ形づくられたのである。大学の非常勤講師、全国の図書館や自治体での講演や研修会の講師、図書館をネタにした本の上梓、さらに図書館をテーマにしたラジオ番組のパーソナリティといった仕事である。

糊口《ここう》を凌ぐというほどの窮乏生活ではないが、役所時代の数分の一の収入で暮らす、のほほんとした生活である。私は、こうした好きなことだけをしている生活が病んだ身体を蘇生してくれたと信じているのである。大仰に思われるかもしれないが、図書館に、ひいては図書館員・図書館人に助けられたのだと。

そして、あくまで在野にこだわり、一図書館人として、図書館の発展にどう寄与できるのかというミッションを見つけたことで、無手勝流のスローライフを定義づけられたものと思うのである。

その定義とは、こんなものである（2017年12月18日、フェイスブックのタイムラインに投稿）。

「スローライフ」、役所を辞めて意識してきた生活スタイル。提唱する方がたくさんいて、NPOやマイスター検定やスローライフまちづくり全国都市会議など、いろいろあって混乱しそう。

私は「田舎」で「心に余裕」をもって、庭や北浦湖畔の「四季」を楽しみ、「好きなこと・仕事」をやること、そして「地域」と関わって生きる、と定義。それを自分なりに実践をしている（つもり）。

元図書館員として、退職後、図書館とどう関わるかもスローライフの課題。（以下、省略）

のほほんと日々を送らなければ見えてこない、聞こえてこないものがある。それは風の音だったり、鳥のさえずりであったり、月の満ち欠けであったり、と。そのような余裕をもって図書館（員）のために働くという日々なのである。

## のほほんとした生活が創り出すもの

好きなことをやっている、と鹿嶋市役所時代の同僚に言われても否定はしない。呆れるほど図書館が好きなのは周知の事実。その好きな図書館に寄り添うように働いているのであるから、そう見えても当然である。寄り添うには忙しくてはいけない。のほほんと生きるために役所を5年早く退職したのだ。

では、のほほんとした生活とはどんなものなのか、ちょっとお話ししよう。

憧憬する一人に植草甚一がいる。ある世代以上の人は、身に覚えがあるのではあるまいか。

「『トシをとったら植草甚一になろう!』ひそかにそんなことを思っていた」と池内紀も『作家の生きかた』(集英社文庫)で書いている。植草氏は説明するまでもなく、欧米文学、映画、ジャズに通暁した「自遊人」である

ご存知の方も多いと思うが、『ぼくは散歩と雑学がすき』『知らない本や本屋を捜した

り読んだり』『いつも夢中になったり飽きてしまったり』『雨降りだからミステリーでも勉強しよう』―これらは植草氏の著作のタイトルである。まさに、のほほんの王道である。もっとも氏の日常を活写しているのは、評論家の津野海太郎が書いた植草氏の評伝『したくないことはしない　植草甚一の青春』（新潮社）だろう。これほど小気味よい響きはない。

ありがたいことに、役所を辞めて数か月後に「単著」執筆の依頼があった。以降、常に単著や編著のバックオーダーを抱えていまに至っている。所詮、雑文しか書けないので、何冊上梓しようが「食べられる」仕事とはならないが、それでも、出版社から依頼された仕事の一つとあれば、単に好きで書いているのではない、求められているのだ、と家族には胸を張れる。とはいえ、「本が売れれば、父は作家ですって言えるのになぁ」と娘の容赦ない厳しい言葉がグサグサと刺さってくる。それに対し「書こうと思えばいつでもベストセラーの1冊や2冊は書けるさ」と根拠のない大口で返す。誰も傷つけない平和な家族の会話である。

次に、塩尻から5年ぶりに鹿嶋に戻ってきて早々に、旧知の方がパーソナリティを務めるラジオ番組のゲストに2週続けて出演したことがきっかけとなり、その年の10月からメインのパーソナリティとして関わるようになったラジオ番組がある。「Dr.ルイスの〝本〟のひととき」という世にも稀な「図書館」をテーマにした30分番組（週1回）は、ボランティアなので無収入であるが、図書館はもとより、好きな音楽や本のことを喋る仕事である。しかも、不定期とはいえ、平均すれば毎週1回はラジオ局を訪ね、番組の相方と喋り、事務室にて珈琲をいただき、スタッフと気の置けない会話を交わす。サラリーマンなら普通の生活であろうが、職場のない（話し相手のいない）フリーランスの私にとって、どれだけ癒される場であるかしれない。スタッフの交わす言葉、間断なく鳴る電話など普通のオフィスの何気ない喧騒が、私にとって極上の時間なのである。ここで心身のバランスを保っていると言っても過言ではない。

そして、大学の非常勤講師の仕事が加わる。こちらは出講する大学によって、出勤形態はまちまちであるが、基本的には1科目1コマ90分の授業を15回やるものである。ただし、専任教員ならば、研究室から学生の待つ教室まで徒歩で5分もあれば着くであろうが、私の場合、これまで出講した大学のうち最も近かった常磐大学でさえクルマで1時間半かかった。一番遠いのは熊本なので、クルマで行こうにも困難である。私にとって、講演や研修会の講師同様、大学の授業も遠征となるのである。

「書く」「喋る」「教える」「講ずる」といった四つの仕事にさらに加わったのが地区の役員として地元に「仕える」仕事である。

5年ぶりに鹿嶋に戻って早々に待っていたのは地区の町代（一般的には「班長」と称される役職）。年度が変わるたびに副区長、区長と職位は上がり、市内の他地区を見渡せば平均的な年齢より6〜7歳若い区長を50代で務めることになった。

こうして、年度によって繁忙さに違いはあるものの、五つの仕事をこなしてきた。どこかの組織の正規職員ではとうてい務まらない「忙しさ」である。当初考えていたスローライフはどこにいってしまったのかと思うくらい、一番多い年は五つの大学（勤務地は水戸・松本・新座・熊本・京都）で教鞭をとった。著書も年に1点から2点出して、年に30回前後の講演をこなすとなると、移動日も含めれば年に100日以上は家を空けることになる。大学の授業も講演も、何の準備もせずに登壇はできない。むしろ、私が仕事をしていないと周囲から思われる日、要は愛車シトロエンがガレージに停まっている日の方が、準備等に追われ落ち着かない状態なのである。

昔からのコミュニティの中で生活しているため、地区の人たちには私のことも、私の先祖や家族のこともよく知っている人ばかりである。いまでも「虎屋さん」と屋号で呼ばれることも少なくない。しかし、勤めから帰宅した家人に映る私の姿は、午後5時を待って始めた晩酌でほろ酔い加減のビール腹のおっさんでしかない。世間でいう深夜(春～夏は4時、秋～冬は5時)に起き出し、もっぱら仕事をするのは家人が眠っている早朝と家族が出勤した後の午前中。よって、家の中で仕事している姿を家族は全く知らないし、講演にせよ授業にせよ、これらは全て出先での仕事。わかるはずがない。

書くという仕事、教えるという仕事は、それ自体に費やしている時間の数倍、いや数10倍、仕込みの時間が必要である。本や論文を読むのはもとより、気になった現地に行かなければならない場合もある。家の中で読書する私は「仕事中」なのであるが、いきなり「あれやって、これやって」と家人は私に話しかけてくることからすると、そうは見ていないことは明らかである。しかも心なしか語気が強い。暇そうに本なんか読みやがって、と言わんばかり。

天候に恵まれた午後、芝を刈ったり、庭木を剪定したり、自転車で堤防を走ったり、ウォーキングしたりしている私を見れば、近所の人には「暢気なルーチン」と映るのだろう。北浦湖岸の堤防を歩けば、必ずと言っていいほど、地域の知り合いとすれ違う。会釈だけで終わらず、そこは小休止を兼ねた地域情報の交換の立ち話の場となる。こちらとしては、健康と仕事（本や講演会の構想を練る）ためにウォーキングしているのだが、周囲はそうと受け取るはずはない。

よって、「大学の先生は暇でいいなぁ」「博士（ときおり私をそう呼ぶ人がいる）は今日も休みかい」となる。

そもそも、大学の非常勤講師や講演会の講師、本を書くという日常を想像できる人がどれだけ身近にいるだろうか。しかもここは田舎である。想像すらできないとなると流言飛語が飛び交うのが世の習いだろう。もっとも、そんなことを気にしてはいない。私だって周囲の人たちの日常を正しく理解しているわけではないのだから。

でも、ひとつだけ認知されていることがある。それは、私が図書館と関わる仕事をしているということである。

私の氏名と併記して「Dr.ルイス様」と書かれた手紙が自宅に送られてくるようになった。市内で活動する読書推進団体に属する方からである。

渥美清が「寅さん」と街で声をかけられることを役者冥利と感じていたように、実は私のことを「ルイス」と呼ぶ人は全国にいる。そういえば、いまだに私を「館長」と呼ぶ人も少なくない。それはそれで嬉しいものである。

## 懶惰《らんだ》な日々

生涯、この本に出会えてよかった、と思える本はそうあるものではない。これまで捨ててきてしまった本も含めれば、1万冊以上の本を購入してきたが、そう言えるのは数冊に過ぎない。もっとも自分の年齢や精神状態との相性も否めない。還暦を迎える数年前から、やたらと手に取るようになったのは「老人本」である。

この表現が適当かどうかはわからないが、若いころ夢中になって読んだ著者が自らの老いから会得したもの、真面目にまたは不真面目に書かれた生き方指南など、なかにはベストセラーになるものもあり、出版不況化にありながらも豊饒なシルバーマーケットとなっているようである。

なかでも、ちょい悪系の嵐山光三郎の作品は楽しめる。氏には『枯れてたまるか！』『「下り坂」繁盛記』『老いてますます明るい不良』『不良定年』など多くの老人本があるが、なかでも『道楽人生　東奔西走』（新講社）は大好きな一冊である。本著で紹介されている坂崎重盛と氏の認定した道楽格差図（マトリックス図）は傑作である。縦に長い楕円を描き、上が「上品」、下が「下品」、右が「重症」で左が「軽症」と分けられ、上品の双璧は「句会」と「散歩」。下品の双璧は「アキバ売春」と「耳かき風俗」とある。先の双璧に次ぐ上品は「ひなたぼっこ」「写生」「独居」「吟行」「廃線紀行」と、うなずける。一方、下品は「熟女セルフヌード投稿」「人妻売春サロン」「クレーマー」「健診マニア」「援交」と、確かに困った老人の極みである。

さて、あらためて上品な道楽を考えてみると、なんとも好々爺という感じの趣きがある。散歩、ひなたぼっことくれば、還暦過ぎて出会い、私の生涯の一冊となった辰濃和男の『ぼんやりの時間』(岩波新書)がぴったりくる。辰濃氏は言わずと知れた「天声人語」を13年間執筆された方で、2017年12月に鬼籍に入られた。『ぼんやりの時間』は氏が傘寿を迎える2010年に上梓した著作で、単に老人本と称していいかは迷うところであるが、氏が本著で使う「懶惰」という表現にすっかり惚れ込んでしまった。

懶惰とは「なまけること」。怠惰と同じ意味であるが、なんとなく風情を感じる。講演会等で参加者に聞いてみても、「懶惰」という言葉を知っている人はほとんどいない。「街をぶらつく。夕焼けをながめる。虫の音を聞く。雲を見る。星を仰ぐ。雑談をする。

そういうむだに見える時間を重ねるところに、生活の厚みとか深みとか、そういうものが育ってくるのではないか。たくさんのむだな時間の集積こそが、実は、暮らしをゆたかにする潜在的な力をもっているのではないか」と。

まさに、スローライフで私が実践していることである。そして、この一文が図書館サービスの一端を表現しているように思えてならないのである。

本著では、串田孫一、岸田衿子、池波正太郎、高木護、深沢七郎などの文章を紹介しながら、「ぼんやり」を礼賛する。

「ぽかんとしていると、そこら辺の景色がじつに鮮やかに見えてくる。木も、草も、小石も、空も、雲も、風も、日向も、小鳥たちも。どのように見えてくるかというと、木は木のごとく、空は空のごとく見えてくる。風の吹き様も見えてくるし、彼らのおしゃべりだって聞こえてくる」とは、高木護の一文。そうなのである。強風でなくても、耳をすませば微風も饒舌なのである。そんな穏やかで安寧な日々は単に怠惰ではなく、何かを想像する力があると思うのである。

図書館を訪ね、のんびりと時間を楽しむ中で、生涯の一冊に出会うこともあるかもしれない。生き方のヒントを見つけるかもしれない。図書館はゆったりと時間が流れる場所である。先の辰濃氏の言葉に、私は「本屋や図書館で書架をながめる」を加えたいと思う。

## ターシャ・テューダーとまでは到底いきませんが

フェイスブックの友人は実に面白い人間観察をする。私が一年中、庭仕事の様子や季節を彩る花卉《かき》の話題をタイムラインに投稿するせいか、私をターシャ・テューダーと称した図書館員がいる。あまりに著名な方なので比較されるのは気恥ずかしいのだが、もとより才能を称したものではないことは言うまでもない。あくまで樹木が生い茂る庭を眺めながら執筆したり読書したりしている日常が共通していなくもない、というだけのことである。

とはいえ、ターシャ・テューダーが57歳からスローライフの場所に選んだのはアメリカ合衆国バーモント州の小さな町である。敷地は30万坪（東京ドーム21個分）。片や我が家の敷地は田舎では広い方とはいえわずか３３０坪。千分の一のスケールである。

拙宅の庭。近所の猫の遊び場でもある

茨城の田舎とはいえ、山の中でも田んぼの中でもない。かつては国道添いの商業地。いまは国から市に道路の所管が変わり閑静な住宅地である。もともと我が家の庭がこんなに広かったわけではない。40代後半に隣家の空き地184坪（一筆）を購入。友人からは「テニスコートができるね」と言われるような長方形の土地。元々は蔵元の一部だった土地である。200坪近い広い土地を遊ばせておくのももったいないと、アパート経営を勧めてくれた知人もいたが、金儲けと賭け事には生来関心がない。アメリカのホームドラマに出てくる休日に芝を刈る生活を現実のものとしたのである。

購入した土地の半分の約100坪を庭園にしようと考えた。それまでは本当の坪庭で草抜きなんて30分もあれば終わるわずかなスペースの緑しかなかった。こちらの坪庭は、生前の親父と近所の人と私の三人で花木センターにトラックで出かけ幼木を買い込んできて作ったものである。しかし、今度つくろうとしているのは100坪余の庭。親父は鬼籍に入っていたし、とても一人でつくれるものではない。そこで、英国で修業をしてきたという女性ガーデナーに設計を依頼した。私のオーダーはナチュラルな庭。日本庭園のような雅な世界ではない。個人の庭というよりも市が管理するポケットパークのようなもの。樹形を気にせず、鳥や蝶が舞う、季節の移ろいを楽しめる庭がコンセプトとしてオーダーした。

幼木が植えられ完成した庭はおとぎの国のような感じだった。いきなりの巨木は不要としたので、樹木はすべて低木。シンボルツリーも見上げるようなものではない。ところが今はそれなりに大きくなり、緑の量としては理想的な庭となった。ただし、5年間の単身生活で、手入れが滞ったことから何本かの樹木を枯らしてしまった。そのため、当初の設計と若干違った樹木を自分で買ってきて植えたことで、書斎から望む緑は四季折々の移ろいは感じられるものの、デザイン的には無秩序な手入れの行き届かない公園のようになってしまった。

ターシャ・テューダーが開拓時代のスローライフを選んだのは57歳のとき。私が実際にひねもす緑を愛でる生活となったのは55歳。ほぼ一緒である。塩尻市役所を辞め、庭に面した書斎で、パソコンに向かったり、読書をしたりと一日を過ごすようになった。スケールは比べるまでもないが、ターシャ・テューダーのようだと言われたのも当たらずとも遠からず。とても嬉しいことを気付かせてくれた。

ターシャ・テューダーと称した友人は都会の高層マンションに住んでいることから、100坪の庭はあまりに特殊な環境に映るのであろう。ちなみに、家のすぐそばの北浦湖畔の景色に憩う私をヘルマン・ヘッセと称した図書館員もいる（笑）。このような例えがいかにも図書館員らしい。

鳥や蝶が遊ぶ庭は最初から望んだことだが、緑が増え、土が元気に呼吸をすれば、爬虫類も暮らし始める。ヤモリやトカゲは馴染みの仲間である。春先は近所の飼い猫や野良猫やらの格好のデートスポットとなる。夏は蝉時雨、秋はキリギリスやコオロギの合奏団と、実にかまびすしい。初夏に白く美しい花序が首を垂れ、辺りに甘い芳香を漂わすニセアカシアには蜜を求めてミツバチがやってくる。晩秋は落葉した食餌木《しょくじぼく》にハトやスズメやムクドリが集う。

私は、春から夏にかけては4時、秋から冬は5時には起床する朝型人間である。書斎から庭を眺めれば、鬱蒼と茂った樹木の間から空が見える。夏季は太陽と起床を競い、冬季は朝寝坊の太陽が起きてくるのをじっと待つ。樹木の葉色の四季の変化、空が赤く染まる朝の到来、飛来する鳥の鳴き声など、春夏秋冬ではない二十四節というか七十二候が手に取るようにわかる。

冬季は葉を落とした樹木もあり、芝も伸びないので、しばし庭仕事から解放されるが、春の芽吹きの頃から晩秋までは庭仕事に追われ、憧れたアメリカのホームドラマの優雅な光景はどこへ行ったのやら。炎天下の芝刈りは苦役に等しい。

　そういえば、こんなことがあった。

　毎月一回、血圧の検診で通院している市内のかかりつけの医院でのこと。前回の血液検査から半年経ったので、これまで同様、採血することになった。

　一か月後、まったく体調に変化を感じることなく暢気に医院に行くと、驚愕の検査結果が伝えられた。「腎臓の働きを示すクレアチニンが異常値となっている。こんな検査結果はこれまでなかった。腎臓がほとんど機能していない状態。今日もまた採血と採尿をしましょう。明日には結果をお知らせできます」と。

　さすがに、この結果は女房に伝えられなかった。一日悶々として過ごし、翌日、検査結果を聞きに医院へ。

　結果は意外なものだった。

「元の状態に戻っていますね。異常値が出た前回の採血のときって、何かをされてから来ましたか」との医師の質問。

「はい、炎天下、ぎりぎりの時間まで芝刈りをして、シャワーを浴びてから来ました」と答えた。

「そうでしたか、それでわかりました。激しい運動の後の脱水状態だったのですね」

と一件落着。

この一件以来、受診前の夏の芝刈りは控えるようにしているが、いずれにせよ、最も雑草が生い茂る季節に、猛暑とやぶ蚊との格闘をしながら草刈りをしなければ、お化け屋敷になってしまう。住宅地にあって緑に囲まれて生活することは極めて贅沢なことなのだ、と諦念《ていねん》するしかないのである。

## ラジオ番組が新たなツーリズムを生んだ

都市に住む人が農場や農村で休暇を過ごすことをアグリツーリズムやグリーンツーリズムという。ほかにもオールタナティブツーリズム、サスティナブルツーリズムなど、探せばいろんなツーリズムがあるようだ。国土交通省によると、従来の物見遊山的な観光旅行に対して、これまで観光資源としては気付いていなかったような地域固有の資源を新たに活用し、体験型・交流型の要素を取り入れた旅行の形態をニューツーリズムと

スタジオ収録時は、ラジオでは伝えきれないこんなゲストの姿も

呼び、地域活性化に繋がるものと期待されているのだ、と。

大林正智さん（田原市図書館）との共編著書『ラジオと地域と図書館と』（ほおずき書籍）に北澤梨絵子さんが「ラジオツーリズム」なる言葉を初めて使った。本著を書いている時点（2018年3月）で、インターネットの検索エンジンに「ラジオツーリズム」と入力しても、一件もヒットしなかった。おそらく北澤さんがこの言葉の生みの親であろう。この言葉を生むに至ったのが、私がパーソナリティを務めるラジオ番組「Dr.ルイスの〝本〟のひととき」である。

2016年に上梓した『図書館はまちのたからもの』（日外アソシエーツ）でも触れているが、その後の経過も加えてあらためて整理しておきたいと思う。

280回余を数えるラジオ番組にスタジオゲストとして鹿嶋に迎えた方は延べ100人弱。出演者の3人に1人がスタジオにて収録していることになる。遠くは長崎、福岡、兵庫、愛知、秋田など全国からやってきている。

番組を始めて丸5年を迎えた2017年9月4日〜10月2日の放送は、なんと5週連続で鹿嶋のスタジオにゲストを迎えた。秋田、福岡、山梨、栃木、千葉と現職の図書館員が13人も収録を目的にやってきてくれたのである。番組出演者には旅費の手当ができないので、皆さん自腹である。では、私が平身低頭して来てもらったのかといえば、そうではない。皆さん、鹿嶋に来たがっているのである。

目的は、ラジオに出演することにとどまらない。鹿嶋市を中心に水郷、ときには水戸やつくば、銚子方面にも案内することがある。当然、「足」は愛車、シトロエン。株式会社ブランド総合研究所による「第12回地域ブランド調査２０１７」でも茨城県は47位を譲らない「常勝県」である。

魅力がないのではない。魅力が発信されていないだけである。茨城県民はなんら卑下する必要などない。恐らく卑下してもいない。実際、ラジオツーリズムで茨城を訪ねて来られた方は異口同音に47位であることを不思議がる。私の住む鹿嶋は低地は肥沃な水田地帯、台地部は畑が広がり、東は太平洋、西は北浦と、海と湖の幸が楽しめる。太平洋の海原から顔を出す朝日を迎え、北浦の彼方の水平線に沈む夕日を送る。こんな土地はそう多くはない。東京〜鹿嶋は10〜20分間隔で高速バスが往来する全国屈指のドル箱路線である。渋滞がなければ、水郷潮来バスターミナル〜東京駅八重洲南口は75分である。

これはゲストに教えられたことだが、春から夏にかけて来られた方が「山がないのにこれだけ緑が多いのはどうして？」という感想。宅地の緑、圃場《ほじょう》の緑、法面《のりめん》の緑、言われれば、春から夏にかけての景色は、空と湖沼と海の「青」以外は何処も「緑」。広大な平地と豊饒な緑は感動に値するようである。

全国踏破にはいたっていないが、講演等の仕事で訪ねた県は38県。ときおり、「一番印象に残っているまちはどこですか」と聞かれるが、そのまちの印象を決定づけるのは、風景でも祭りでも文化遺産でもない。図書館に行く道を丁寧に教えてくれた人、たまたま居酒屋やバーのカウンターで隣の席になった人など、土地の人からいただいた笑顔や交わした言葉に「いいまち」だと感じる。どんな絶景を見ても、駐車場を出るときの係員の横柄な態度に激高し、それまでの感動が帳消しになったこともある。

いっそ、都道府県民のもてなし度ランキングでも調査してほしいものである。私の知る範囲では、魅力度ランキングとは違った順位となるのではないかと思う。いや、体験的にそう確信する。

山がなくても、海がなくても、高層ビルがなくても、文化遺産がなくても、温かく人が迎えてくれるまちが私にとって一番魅力的なまちなのである。

## 鹿嶋で生きるということ

「鹿嶋中心に積み重なる新しい人生、素敵だな、と敬服しています」と、私と同じ年の女性で、都内某市で図書館一筋、最後は図書館長として定年を迎えられた方からいただいた言葉である。「敬服」をそのまま載せたことは不遜な態度とお叱りを受けるかもしれないが、私が勝手に言葉を変えては相手に失礼なのでそのまま使うことにした。ご容赦いただきたい。

役所を辞めた後どう生きるか。「何をして生きるか」という選択肢は無数にある。しかし、「どこに住むか」という選択肢は私にはなかった。我が家に伝わる家系図によると、私は内野家14代当主である。兄が家を出た以上、弟である私が家督を継ぐのは当然のことと諦念し、これまでこの地で暮らしてきた。このまちから出ることはできないし、出たいとも今は思わない。問題は、残るわずかな期間を鹿嶋でどう生きていくか、である。

塩尻市の職員時代、鹿嶋市教育委員会からの依頼で、市内の学校司書を対象にした研修講師を務めたことがある。塩尻での学びや経験が鹿嶋で活かせることに大きな意義を感じた。

塩尻市の図書館長時代も、毎年1回、塩尻ロータリークラブの例会に招かれ、新館開館前は建設の進捗状況を、開館後は新館の運営状況を会員諸氏に伝え、食事を共にして交流を図る機会をいただいていた。ここではときおり、鹿嶋のことも話した。

フリーランスになって6年余で140回以上の講演を全国各地で務めてきた中で、最も多く講演の機会をいただいているのは地元の鹿嶋である。市内の公共図書館職員、学校図書館司書、司書教諭及び図書館ボランティア希望者といった図書館関係者を対象とした研修会をはじめ、鹿島地区神社総代会、鹿嶋市読書団体連合会といった団体からもオファーをいただいた。何が一番嬉しいかと言えば、全国の講演を通して得たさまざまな情報や知見を、旅の報告のように地元に返せることである。

なかでも最も感慨深かったのは、2017年3月に鹿嶋市立中央図書館で行われた鹿嶋市読書団体連合会主催の「著者を囲む会」だった。

1977年から始まったこの会は、これまで、藤原てい、日野啓三、森瑶子、高橋治、三田誠広や、市内在住の遠藤雅子まで、著名な作家を招いた歴史ある市民読書団体の主

潮来市立図書館での茨城県ゆかりの著者の特別展示

鹿嶋市立中央図書館での常設展示

催事業である。中央図書館に勤務していたころは、当日の会場設営スタッフの一人として、作家の姿を毎回遠くから崇《あが》めていたものだった。その場所に自分が登壇することになろうとは夢のような仕事である。元塩尻市立図書館長ではない。駄文ではあるが多少はモノを書いている「著者」として招かれたのだ。これに勝る栄誉はない。

会場を埋めた参加者の7割は鹿嶋市の職員時代にお世話になった方々。市内各地域の読書グループ、市議会議員、元教育委員、元同僚、仲人さんまで駆けつけてくれた。そして、千葉や埼玉からも図書館関係者が見えて、夢のような2時間であった。

現職の図書館員にとって一番大切なことは最も身近な地元（出身と言う意味ではなく勤務地）にどれだけ姿を見せ、学びを還元するかである。図書館の広報戦略を机上で呻吟しているならば、さっさと街に出てコミュニティの一員としてPRした方がはるかに効果的である。地域で働くということは、地域で一緒になって生きるということなのである。

出典は失念したが、海外でも講演するような高名な研究者が長年叶わなかった夢があった。それは母校の小学校の講堂で講演することだと。晩年、その機会が巡ってきたらしいが、どんな有名な学会で発表するより嬉しかったと述懐していた。この気持ちはよくわかる。私も母校の小学校で喋るのが夢である。

ちなみに、鹿嶋市と潮来市の図書館では、末席を汚しているようで恐縮しているが、郷土の作家の一人として拙著が別置されている。鹿嶋を訪ねてきたゲストをこの両館に案内するときの密かな楽しみである。

## ようこそ、老後

２０１８年６月に62歳となる。いよいよ待望の年金生活である。私が役所に勤め始めたころに退職者が口にしていた花の年金生活はとうに昔のこと。かつて描いた老後とはかなり違っている。

年金は原則65歳からの支給であるが、既往歴からして私は長く生きられるとは思っていない。還暦を迎えられたことさえ奇跡だと思っている。76年以上生きられるのなら、繰り上げ受給は損をすることになるとのことだが、そこまで生きられるとは思っていないので、支給額が減額になろうとも、繰り上げ受給しようと考えている。

問題は何歳まで生きられるかというより健康寿命である。日常的・継続的な医療・介護に依存せず、自分の心身で生命維持し、自立した生活ができる生存期間のことを健康寿命というらしい。ＷＨＯ（世界保健機関）が２０００年に提唱した概念である。

私は両親と暮らしてきたものの、介護の経験はない。母親（継母）は、50代半ばに風邪をこじらせて入院。その数日後の退院予定日に急逝を告げる電話が病院から職場にあった。青天の霹靂とはまさにこのこと。父親は70代になると大量の服薬と通院の日々。とはいえ、クルマの運転をはじめ、調理も含め家事全般から身の回りのことは全て自分でやっていたので、病人と暮らしたという記憶は全くない。

ちなみに男性の健康寿命は72歳。父親は77歳で逝ったので健康寿命は過ぎていたということだろうが、体調が悪化して入院し、数週間後、一度も自宅に帰ることなく鬼籍に入った。

さて、となると私の場合、残る健康寿命はたった10年しかないのである。

10年で何が、どれだけのことができるか。

まずは断捨離である。本にしても、雑多なコレクションにしても、しっかり系統立てて集めてきたわけではない。ときおり、乞われてコレクターの居宅に伺うと、そこには迷うことのないコレクション道のルールが必ずある。だから自ずとお宝が集まってくるのであり、同好の士と繋がるのである。

捨ててはきた。残っているものより、捨ててきたものの方がはるかに多い。しかし、ぶれないルールさえあれば、捨てはしなかったものがどれだけあったか。今頃後悔しても遅いのだが、そろそろ残すものを絞り込まなければならない。残された家族には宝とゴミの区別はつかない。

書斎の本棚に並ぶ本は43歳を機に変わった。それまでは、大好きなプロレス、クルマ、小説が大半を占めていたのだが、43歳で大学院生になり、俄然、研究のために必要な図書館情報学、出版、書店といったジャンルの本が幅を利かせ始めた。その勢いは相当なもので、出費もかさむことから、プロレスと小説は徐々に場外に追いやられることになった。

次の転機は56歳。浅学非才な私が本を出したのである。以後、読む本は書くためのネタ本という性格を帯びることになった。確定申告の際の必要経費とみなされる物になったのである。

還暦を過ぎた頃、今後何が書きたいかを絞り、本棚を整理することにした。古いものだと10代からずっと本棚を飾ってきた「その時々の思い出の本」を本棚から抜き取り、これから書きたいテーマに関連した本だけが並ぶ本棚に変えようとしたのである。

こう決めるとあとは早い。書店で買った本を読み終え、今後、この本について書いたり、参照したりすることがないだろうと判断すれば、つまらなかった本でなくても、新古書店の買取価格がそれなりにあるうちに売ってしまうことにした。こうすれば本の増え方は抑制できる。

読書が偏るわけではない。これまでと同じく読みたい本を読む。ただ、読み終わった証拠としてだけ本棚に鎮座することになる本はその都度片付けることにしたのである。

これには学習がある。図書館員時代、特に塩尻市の職員だったころ、市民から本の寄贈の申し出が頻繁にあった。鹿嶋市に比べ、県民性と言えるのか、いずこの家も相当な数の蔵書の寄贈申し出であった。その本を収集した家族が逝って数年経ったころ、遺族が「故人が生前大切にしていた本を図書館に寄贈したい」となるのが良くあるパターンであった。

当時は新館の開館前後の時期、とにかく本が欲しかった。依頼者宅を訪ね、膨大な量に圧倒されることもあったが、実際に図書館で使えるのはそう多くはない。すでに所蔵のあるもの、状態が良くないもの、なかにはすでに図書館では除籍してしまったものなど、本を愛でた個人を偲ぶ遺族の思いと、図書館側の事情は乖離《かいり》しているのである。また、その本を愛でた個人と家族の本に対する思い入れが違うことも大きい。本は求められるときに求めている人の元で過ごすのが一番。本にもよるが、それなりの「味覚」の旬があるのである。

話は戻り、本は概ね断捨離ができた。さて、困ったのは雑多なコレクションである。ミニカー、ノベルティグッズ、クルマのカタログや取扱説明書など、家族が手にしたところで価値すら認めないものばかりである。しかし、実はこれがお宝なのである。

自分はまだ若いと思っていた頃まではよかった。しかし、ブルーグラスの「Will the Circle be Unbroken」（邦訳は「永遠の絆」）の歌詞が、自分のこととして現実味を帯びてくる年齢になるとそうはいかない。エンディングノートに一品一品、市場価格を記して残すのは容易ではないし、私が逝ったあと、一気に燃えないゴミの袋に入れられるのも忍びない。

私は拙著をあまり手元に置かない主義なので、私が逝ったあと、書斎の片隅に大量の拙著が入ったダンボール箱を家族が発見ということにはならないが、せめて収集した図書館情報学関係の本や逐次刊行物は誰か、またはどこかの図書館に役立ててほしいとは思っている。希望される方は早めに「予約」を（笑）。

## オーラル・ヒストリー

私の祖父は1951年に鬼籍に入った。私がこの世に生を受ける5年前である。だから全くどんな人だったか知らずにいた。少なくとも10数年前までは。

きっかけとなった10数年前とは、約100坪くらいの公園のような庭をつくると私が言い出した時である。それを耳にした従妹が言った。「おじいさんの血を引いたのだねぇ」と。

内野家の家系図を見ると、祖父は内野家の12代当主。この家系図を調べ上げたのは、私の父の従兄である。高校の教員を定年の数年前に辞め、生涯、松尾芭蕉の研究に専心した学究者である。いろいろ調べることを厭《いと》わない人であったらしく、1961年、この家系図は近い親戚に配られたものらしい。こんな人が親戚にいなければ、元禄まで遡っ

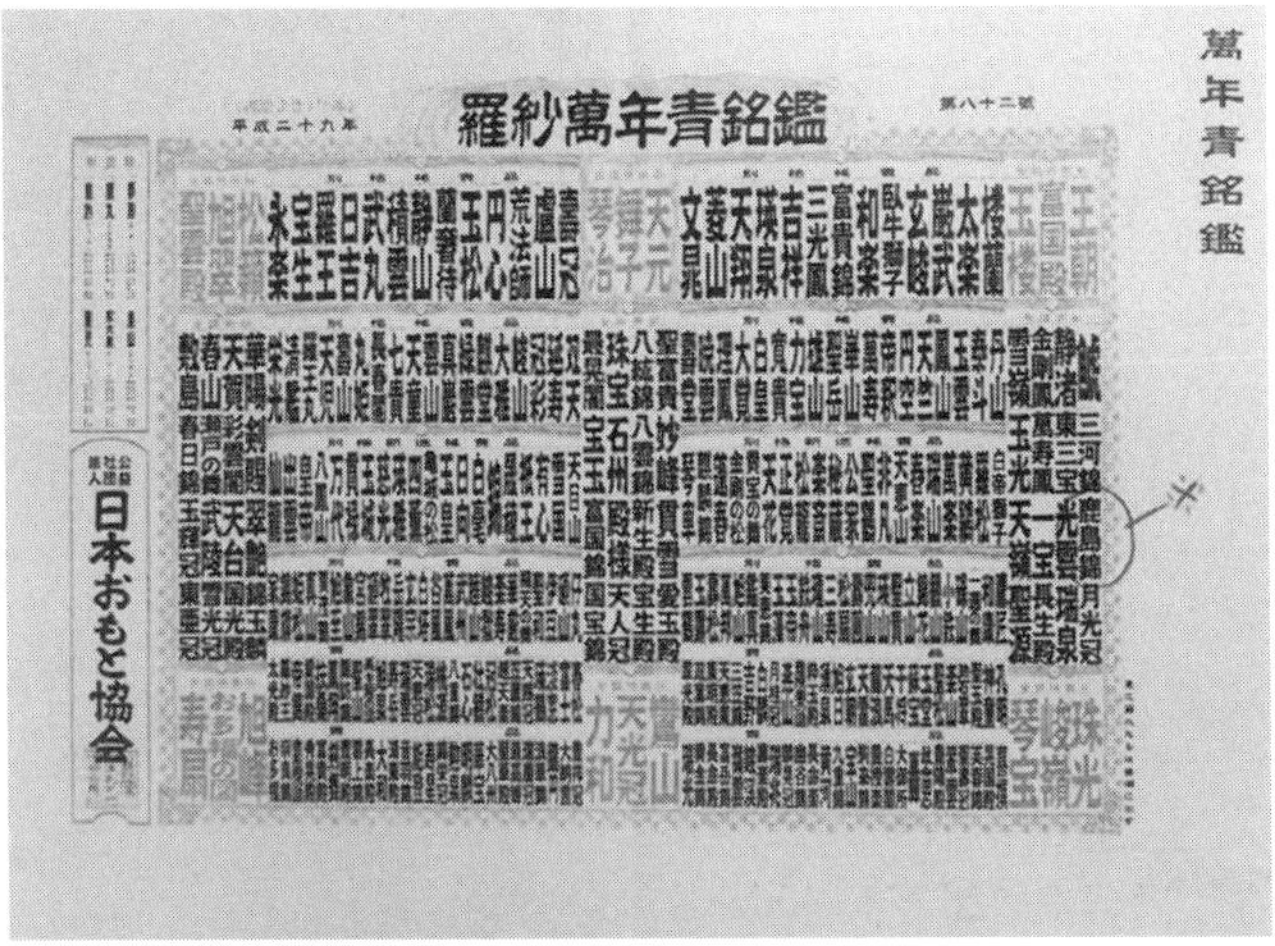

萬年青屋さんでいただいた銘鑑

祖父が作出した鹿島錦

て家系図を調べ上げるなんてことは誰もしないだろう。

ずっと不思議だったのは、伯母や叔母が言う父（私にとっては祖父）の生前の生活ぶりであった。「萬年青《おもと》で食べていた」との表現がどうも想像できないのである。

「年に2回、我が家に全国から人がやってきた。父が育てた萬年青を買い求めに来たのだろう」という叔母の証言から、祖父は交配して新しい品種を作り出す、実を採る専用の萬年青の「実親」を売って生計を立てていたようなのである。戦前の萬年青ブームの頃らしく、1鉢1000万円で売買ということもあったのではないか、とは萬年青屋さんや公益社団法人日本おもと協会の話である。空前のブームは投機の対象となっていたものらしい。

2017年9月、本当に偶然、インターネットで祖父の名前と「鹿島錦」という繋がりを見つけた。この品種は祖父が作り出したという記事である。そういえば、亡くなった親戚の人が「萬年青は番付表というものがあって、祖父は横綱の地位にあったこともある」と言っていた遠い記憶がよみがえってきた。

ふと、調べてみようと思い立った。答えにたどり着くのはあっけないほど簡単だった。インターネットで出てきた萬年青屋さんに電話したところ、「鹿島錦は羅紗系ではとても有名な品種です」と。そして、祖父の名前も、その祖父が持っていた萬年青のその後の行方も、電話口の萬年青屋さんの口から淀みなく出てきた。そして、祖父の弟の長男は教員をしながら萬年青を趣味とし、次男は萬年青屋になり、その血統は継がれていったのだと。祖父が丹精込めて育てた萬年青の行方を、生前の祖父を知る私の伯母や叔母より、あかの他人から細かに聞かされたのである。なんという世界であろうか。

さて、ここまでは祖父のオーラルヒストリーである。萬年青屋さんは興味深いことを言っていた。「この水郷地域は日本でも有数の萬年青が盛んな地域なのだ」と。日本に20数軒しかない希少な商売である萬年青屋が人口3万人余の潮来市にあることからして、それを証明している。となると、そこは元図書館員、これは地域に関わるテーマとして探っていくことが必要なのでは、と思ったのである。

図書館界でもオーラルヒストリーを用いた研究が盛んに行われ始めており、公共図書館でも地域資料として成果物を発表するところが出てきている。

萬年青は仙人掌《せんにんしょう》・多肉植物・富貴蘭・春蘭・松葉蘭などと並ぶ日本の伝統園芸であるらしい。しかし、趣味の園芸の延長線上の書物がわずかにあるだけで、今回、たまたま祖父の過去を調べたところ、面白いネタがザクザク出てきた。地元の図書館と連携して成果物をつくれたら面白そうだ。この高揚感も祖父の血のなせる業なのだろうか。

## たからものとの日々

本や雑誌以外に集めているものと言えば、拙著『クルマの図書館コレクション』（郵研社）にも書いたが、クルマ絡みのものが多い。新聞に載った外車の広告、新聞に折り込まれる外車ディーラーの広告、ミニカー、カタログ、ピンバッジ（ブローチ）、ノベルティグッズなど雑多。数量を目的にはしていないので、場所をとるほどではないが、新聞に載った外車の広告は、収納用ファイルが大きいので、置き場所にやや苦労し始めている。

クルマ・バイク・鉄道等の乗り物系の本や雑誌やグッズを専用のマンションの一室で保管している人、1万台を超えるミニカーを持っている人、国内でも数えるほどしかいないというペダルカーを大きな倉庫に保管している人など、畏怖の念を抱くコレクターの宝の在り処をいままで訪ねてきたが、これに比べれば、私の場合は語るに値しない程

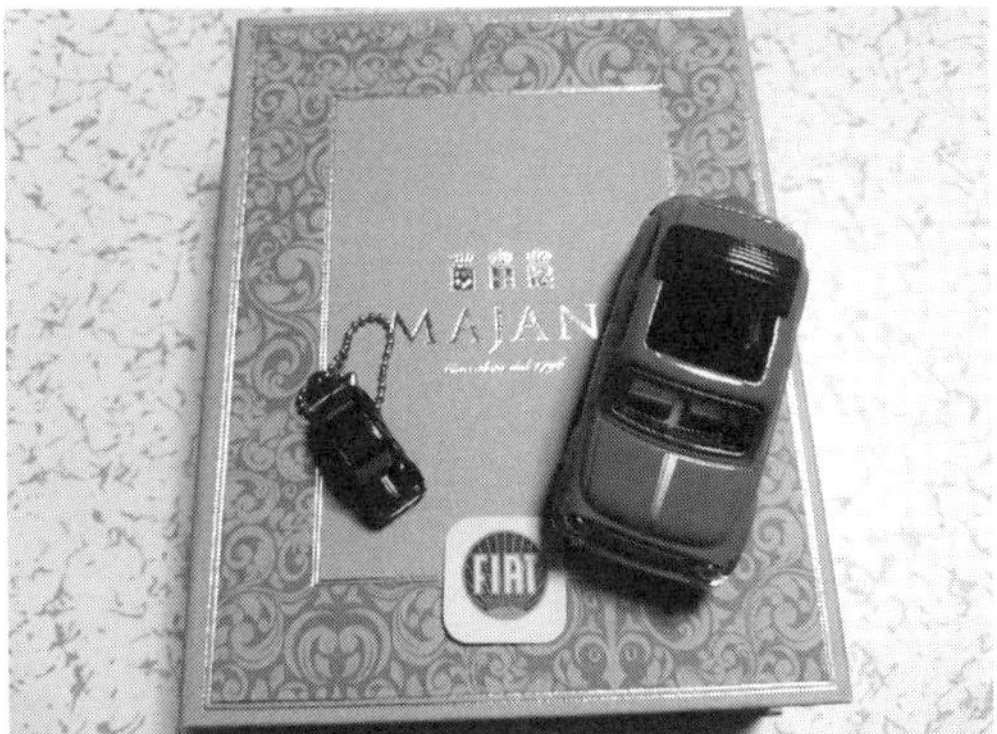


いただいたものの中には、こんな貴重なミニカーも

度である。

2017年の11月から12月にかけて、10数年来無造作に集めてきた本や雑多なコレクションが入ったダンボールの山の整理をした。ダンボールは50箱ほど。複写文献を綴ったA4ファイルは300余もあった。

買ってあるはずの本が見つからない。複写したはずの文献が見つからない。しまいには買ってあったかどうかが記憶にない。こういったことが日常茶飯事となり、ダンボールの山を整理せざるを得なくなったのである。

還暦を機にとは考えていたのだが、タイトなスケジュールに追われていたので、退職して5年半目にやっと気力・体力も合わせてできるときがやってきたのである。

正確に数えはしなかったが、本や雑誌の冊数は予想の倍以上あった。書店の包み紙を開封していない雑誌もかなりあった。2週間ほどで約1000冊の本を処分した。刊行されて1年以内の本は新古書店に買い取ってもらったが、それ以外の1円査定になるような本は新古書店を往復する燃料費にもならないので、全てリサイクルゴミとして処分した。

考えてみれば、文庫本を小遣いで買い始めた中学生時代のコレクションの大半は、1

回読んだ後は、40数年間一度もページを開くことがなかった。背表紙は退色し、紙の劣化も著しい。今となってはほとんどが入手できないものであるが、中・高校生時代に読んだ名作といわれる類は、文庫本であれば今でも十分現役のものもあれば、巻末の解説者は変わっても作品としては現役のものも少なくない。

中学生の頃は唯一の本棚を本が埋めていくのを眩しく見ていたものだが、いまでは増殖一途の本をいかに整理整頓、処分するかが喫緊の課題である。

さて、フリーランスになって変わったことの一つ。それは頂き物が多くなったことである。講演や研修で親しくなった方から、何かにつけて頂戴するようになった。

一番多いのは酒（日本酒、ワイン、ビール）や土地の特産品・銘菓であるが、これらを別にして、カタチあるもので多いのは、

1位　クルマグッズ

2位　酒器

3位　ステーショナリー

まず、1位のクルマグッズは、ポストカード、クリアケース、ミニカー、ノベルティグッズなど何でもあり。もちろん、本もある。図書館の除籍本で貰い手のなかったクル

マ雑誌を送ってくれた人もいる。当然、事前に「要りますか？」の確認があり、そんなレアなものなら是非、とつい飛びついてしまうのである。

嬉しいのは、旅先や書店や雑貨店で、私を思い出してくれているってことである。

海外旅行に行った友人が、クルマの広告が載っている現地の新聞をお土産の一つに送ってくれたことがある。これはとても嬉しかった。ちなみに、この友人はワインも買ってきてくれたのであるが、ラベルには、大好きなシトロエン２ＣＶが描かれていた。何とも小粋なお土産である。

シトロエン２ＣＶ、フォルクスワーゲンワーゲン・タイプ1（ビートル）、フィアット５００など、印象深いデザインのクルマは、クルマ好きでなくとも、私を思い出してくれるらしく、偶然見つけたとのメッセージを添えて、我が家にいろんな乗れない「クルマ」が届くのである。

２位の酒器であるが、洋酒用のグラス、日本酒用のぐい呑みなどをよくいただく。言うまでもなく私が酒好きだから、だと思う。バカラのグラスや、高価な焼き物は、使うのがもったいなくて箱に入れたままである。

３位のステーショナリーは、これまた私が手紙好きと知ってのことだろう。お洒落な便箋、一筆箋など、旅先で私を思い出してくれているようである。

他にも、私の好きな作家に関する特集本を見つけたと送ってきてくれたり、私の似顔絵でパッケージされたオリジナルのチロルチョコをつくってきてくれたりと、図書館員（特に女性）は総じてプレゼント好きなようである。

フリーランスになって得た最高のたからものって何だろうと考えてみた。それは、こうして私を旅先等で思い出してくれる図書館員であると言ったら気障《きざ》だろうか。

## 本の読み方を考えてみた

本をいつ、どこで読むか。我が家の書斎はちょっとした森の中にあるような感じである。夏の蝉時雨はさすがに勘弁してほしいが、それ以外の季節は小鳥のさえずりを聞きながら、お気に入りの深く柔らかい背もたれのあるリクライニングチェアに体を沈めたり、屋外のベンチに座り陽光の下で頁をめくったりと読書を楽しむ。

読む本にもよるがＢＧＭは欠かせない。お気に入りの楽曲と至福の読書。最近は

YouTubeで音楽を楽しむ機会が増えた。私は高価なオーディオに関心はない。よって音質はこだわらない。ご機嫌な音楽と本、これ以上ないリラックスタイムでもある。

しかし、問題がなくはない。あまりに快適で1時間はおろか30分もすると睡魔がやってくるのである。アメニティで満たされると自ずとこうなる。図書館のような空調の行き届いた、誰にも干渉されない空間で、気持ちよさそうに眠っている利用者さんをどれだけみてきたことか。

しかし、本を読むことは私にとって仕事でもある。少なくとも図書館情報学関係の新刊は極端に高価な本以外は、現職の図書館員よりは私の方がはるかに購入しているだろう。非常勤とは言え大学の教員。当たり前のことである。

私の場合、座り心地の良い椅子は睡魔を呼んでくるらしい。うつ伏せになっての読書もいいが腕がもたない。なんとか集中して本が読める方法はないかと思案していた時に出会った本が青山南（文）、阿部真理子（絵）の『眺めたり触ったり』（早川書房）。

「バスの一人掛けの席にすわっての読書、あれは最高だ。その席が、運転手のすぐうしろの、つまり最前列の席だったりしたら、うん、もう、この世の天国だよ。バスがきて、とんとんと乗りこんでって、その席があいているのを発見したときの喜び！あれ

我が家からすぐ近くの北浦湖畔

春は自宅の庭のベンチに座っての読書も最高

にかわるものはない。」と絶賛・推奨している。

読書空間としては、高速バスも、新幹線も、飛行機もダメな私である。要は落ち着かないのである。二人掛けの席で隣の人がパソコンのキーをたたき始めたら即刻アウト。イヤフォンで音楽を聴かれてもダメ。読書を始められると、並んで読書というシチュエーションが馴染めない。そんな中、数分ごとに停車を繰り返すバスは最も読書に向かないものと読み流したが、なぜか気になっていた。鹿嶋で路線バスに乗ることはない。本数が少なく不便だし、マイカーに乗らないという生活は田舎では考えにくい。路線バスは仕事で行った県庁所在地で年に数回乗る程度で、青山氏の言う運転席の真うしろという一人席に座った経験もない。このことを本で読んでから、熊本でたまたまこの席に座る機会があった。朝の通勤時間帯である。微妙な高さがあり（車両にもよるだろうが）、数分おきに降車する乗客が横を通るので車内で最も気忙しい席と思いきや、これが意外なほど個室感覚がある。都内に在住していたら、1か月に1回、読書のためのバス周遊がしたいと思ったくらいである。

しかし、田舎の鹿嶋に暮らしていてはそうはいかない。ならば、どうすればいいか。拙宅から歩いて2分で北浦湖岸、クルマで15分も走れば大海原の広がる鹿島灘、クルマで20分走れば千葉県との県境を流れる利根川の堤防と、水郷筑波国定公園はその名のとおり水辺のパラダイスである。季節によっては車外で簡易なチェアに座っての読書もいい。読書に疲れたら周囲を歩けば気分転換できる。

堤防を挟み、片側は北浦の水面、一方は季節により色を変える圃場。そして桜並木。週末ともなると、釣果を求めて他県ナンバーの釣り師のワゴン車が並ぶ。冬は太陽の温もりを車内に閉じ込め、春は窓を開けて薫風を誘い込む。最高の読書空間である。ひねもす読書をしていても誰にも奇異な目で見られない。こうして平日でものんびりしていることが許される年齢になったのだと悟る。年をとるのも悪くはないのだ。

## マイ・ライブラリー構想

鹿嶋に遠方からのゲスト（主に図書館関係者）を迎え、市内外を案内したり、ラジオ番組のスタジオ収録をしてもらったりした翌日は完全に「ゲストロス」（造語）の放心状態となる。短くて半日、長ければ2日間もずっと行動を共にすることもある。車中も食事の席も酒席も、図書館の話題に尽きることはない。あんなにたくさん喋った一日だったのに、その翌日は誰とも会話することなく（普段、家人ともほとんど喋らない）書斎に籠ると、明らかに人恋しさが募る。いい歳をして恥ずかしい話である。

月に4〜5回、曜日は不定期であるが、鹿嶋のコミュニティFMに番組収録に行く。小さな事務室内で交わされるスタッフの会話を聞いていると、日中、こうして会話することがいかに健康的なことかと痛感する。喋らなくてもいい。聞いているだけでも安心するのである。

鹿嶋市役所の最後の部署は学校教育課だった。組織上、課内に指導室が置かれていた。指導室長は、その名の通り、市内の公立小・中学校を教育的指導する立場にあるため、経験豊かな学校長経験者が就くことが多かった。一方、学校教育課は市内の幼稚園、小学校、中学校の施設・備品管理、学校図書館等を所管。というわけで、一日ひきも切らず事務室内に幼・小・中学校の教員、事務職員が姿を見せた。私は学校教育課長だったので、主に校長や教頭が挨拶も兼ね日参した。9年間慣れ親しんだ図書館の事務室とは全く違う喧騒が漂っていた。

学校を所管するということは保護者からのクレームも、教職員（主に校長、教頭、園長）からの相談も日常茶飯事である。よくもまあ、毎日毎日、事件が起こるものだ、と今にして思う。

現職時代は、こうして程度の差はあれ、毎日、何十回と電話を取り、何人もの人と接見し、時にはお叱りを受け、時には褒められ、過ごしてきた。それが、フリーランスになった途端、パタッと止んでしまったのである。だれか家族がいれば多少は違うが、日中は誰もいない。

こんな寡黙な日常がゲストの来訪で一変し、ゲストと別れ、また元に戻る。このロス感覚がしんどいのである。正直、図書館トークを毎日とは言わないまでも、月に２回程度は楽しみたいのである。

しかし、身近にそんなトークができる人はいない。といって、一人ひとり訪ね歩くほど暇ではないし、そもそも相手に迷惑である。ならば、と思いついたのが、図書館員が一番好きな場所、そう、我が家を図書館にしちゃえばいいのだ、と。「我が家に遊びに来ませんか」と誘う年齢ではない。でも「図書館に遊びに来ませんか」ならば違和感はない。フェイスブックで呼びかけたら、可哀想だから行ってあげようか、と慈悲深い人が一人か二人はいるのではないかと思うのである。

狭い書斎なので五人も入ればすし詰め状態。売りは昭和43年4月からの『図書館雑誌』のバックナンバー。若干の欠号はあるが、ほぼ50年分揃っている。先達の若き日の論文をパラパラと読むのも楽しいものである。ほかにも『日本図書館情報学会誌』や『図書館界』のバックナンバーも20年以上は揃っている。

また、「総記」のコレクションとして、図書館・出版・書店に関する本、総記以外ではクルマ、プロレス、ロックなどに関する本や雑誌を揃えれば、こだわりのマイ・ライブラリーの完成である。

天気が良ければ、屋外にチェアを出して、芝の上で喋るのもいい。これも売りの一つ。200メートルも歩けば、そこは北浦湖畔。水上鳥居としては日本一高い鹿島神宮の一の鳥居が迎えてくれる。亡くなった親父同様、船を持っていれば北浦遊覧もできるのだが、生憎、その趣味はない。

開館日は月に2日程度。会話を楽しみたいので少人数が原則。事前予約制にして訪問者を待つ。図書館人の究極のスローライフ。これに勝る贅沢はない。

## いま、なにをやっているの

鹿嶋に戻って6年余。塩尻での生活と最も違うのは斎場に行く回数である。知己のいない塩尻での生活は地域という付き合いはなく、職場が唯一の冠婚葬祭の付き合いであった。

住んでいたところが駅前の賃貸集合住宅だったので、ごみの搬出も地域のルールはなく、アパートの所有者との契約範囲の中で行えた。

鹿嶋では友人や同僚といった交際のほか、地域という交際範囲がある。恐らく都市部を除けばどこでも同じであろう。地域の一斉清掃、地域の社会教育活動など、地域の中で生活するには一定のルールに則らなければならない。昨今、そういうことを否定的にとらえる人もいるが、私は田舎の大切なルールだと思っている。

親戚、友人、そして地域（私の場合は約200戸ほどの付き合い）で亡くなった方の弔問は日常的にある。多い月は4、5件を数える。親しさの度合いで、病気見舞い、通夜見舞い、告別式と3回、遺族に挨拶することになる。親戚は当然のこと、地域での交際も先祖代々受け継がれてきているものである。

日ごろ鹿嶋市役所の元同僚すらめったに顔を合わすことがない中、1回で何十人という懐かしい顔に出会えるのが、市役所関係者の告別式である。最近は親ではなく本人への弔問が多くなった。そんな年齢になったのだ。

斎場で会う人ごとに聞かれるのが「いま、なにをやっているの」との質問である。おおよそわかってはいるものの、挨拶として無難な質問なのかもしれないし、私がなにをしているか本当にわからない人もいる。元同僚といえ、拙著の刊行を待っていたり、私のラジオのヘビーリスナーとしてラジオを聴いてくれたりしているのは恐らく10人とはいないだろう。

場所が斎場である。共に弔問に来たとはいえ、旧交を温める会話に発展するほどの余裕はない。「スローライフの実践中」とは答えられないし、「好きなことをして暮らしている」ともならない。間違っても「本を書いている」とは言えない(笑)。無難なのは「大学の非常勤講師をしている」である。「何を教えているの」と聞かれることはほとんどない。誰も私に対してそこまでの関心はない。私が図書館をつくりに塩尻に転職したことは当時の職員ならだれもが周知の事実。私が鹿嶋市役所を辞めた後も、「こんな元市職員がいた」と多少は語り継がれているようだ。

こんなことがあった。

「市役所の○○さんって、知っている？」と女房に尋ねられた。

「知らない。俺が辞めてから役所に入ったんじゃないの」と、答えた。

「そうなんだぁ、その市役所職員のお母さんが私の知り合いでね、こんなに本を書いている市役所の先輩がいるって、あなたの本を息子さんに見せられたんだって」と。

当時の女房との会話の正確性は欠いているが、内容はこんな感じだった。

そういえば、こんな話も聞いた。

「昔、塩尻の館長をされていた内野さんはお元気なのでしょうか。昔はよくうちに寄ってもらってお土産や贈答用のワインを買ってくれたんですよ」とは、塩尻の図書館員から、塩尻を離れて5年過ぎた頃に聞いた話である。

こんなやりとりもあった。

診察台に座った私に「もしかして、内野さんって、あの塩尻の図書館長さんだった？」とは、5年ぶりに治療で診てもらった歯科医院の院長さんの言葉。塩尻時代に診てもらっていた歯科医院だが、院長が担当医だったことはない。

塩尻に赴任する前には誰ひとり知己はいなかったが、5年でたくさんの知己を得た。市内の中島書店では新刊が出るたびに拙著をベストセラー本と並べて平積みしてくれる。都市部のジュンク堂や紀伊國屋書店などの大型書店も平積みにしてくれるが、図書館情報学の棚でのことである。中島書店は店頭の一等地に有名作家と並べて置いてくれる日本で唯一の書店である。

鹿嶋と塩尻、二つのまちで図書館人として生きていられることに感謝である。

## 本当のスローライフ

本書の原稿は主に2017年の秋から、2018年の早春にかけて執筆したものである。スローライフを標榜しながらも気忙しい日々が続き、やっと仕事に追いかけられなくなったのがこの時期。常磐大学での週1回（3コマ）の授業と、月に1、2回の講演をこなす日常となった。正確には「暇になった」ということだが、なんかそう言うのも寂しい（笑）。

授業は例年の科目が二つと新規の科目が一つ。例年の2科目は4年の実績があるので準備に手間がそれほどかからない。新規の1科目はこれまでの図書館での実務がかなり使えるというか、実践がなければなかなか話せないものなので、数時間でレジュメは作成できる。そのため、講演のない1週間であれば、授業に1日。準備に1日。残る5日は執筆に充てられる。これまでも、授業のない2～3月、8月～9月（集中講義を除き）を執筆に充ててきた。とはいえ、講演などがあると、そのテーマによっては1週間くらい資料の読み込みとレジュメ作成に充てるので、それほど余裕があるわけではない。日ごろの早朝の執筆で書き貯めていた原稿を推敲しつつ、加筆を繰り返すのが授業のない4か月間の仕事なのである。その意味では、授業をこなしつつ、初めて訪れたこの「暇な期間」は、執筆以外のことも余裕をもってできる待ちに待ったスローライフの実践期間となった。

こんなことをフェイスブックのタイムラインに書いたことがある。２０１６年12月6日のこと。

頑固で短気で変人だった親父は、その性格どおり55歳で隠居宣言。よって私は20代半ばで家督を継ぐことに。

親父はそれから亡くなるまでの22年間、仕事らしいことは一切せず、小さな船も所有し釣り三昧。

当然、そんなＤＮＡが私の中にあり、親父のように隠居への渇望が強く、去年から仕事や身辺整理も少しずつ始め、来年度はさらに身軽に（笑）。

憧憬する植草甚一のように「好きなこと、興味のあることだけに一生を費やした男」って訳にはいかないが、せめて体の動く最後の「５年」位はそう生きたいもの。

ちっぽけでも着々と準備中（笑）。

フェイスブックの投稿であることをまずお許しいただきたいが、実はこの日の前日の12月５日、主治医の紹介状を持って大学病院を受診。医師から「カニューレを外してもよい状態。ただし、ペット検査を受診した上での判断としたい」との言質《げんち》を得たことで、無性に何かを宣言したくて、投稿したものだった。診察の結果は、先述したとおりである。

本文は、タイムラインに投稿したちょうど1年後に書いている。

勤めることもせず、生涯、萬年青の「実親」を売って生計を立てていた祖父、そして、戦争に青春を奪われたものの頑固一徹に生き55歳で隠居した父。こうした血が流れているのが私であるから、こんな本を書いていると言えるのかもしれない。

植草氏と同じく私も大の散歩好き、古書好き、珈琲好きであるが、ところが、こちらは田舎。散歩と言っても古書店はなく、落ち着ける珈琲店もない街である。もとより、植草氏を模倣できる者ではないが、私なりには究極のスローライフ実践者として崇拝しているところである。

そんなわけで、12月4日にこんなことをフェイスブックに投稿した。

3000字書けた日は温泉に浸かるというルールをふと思いついた（笑）。
眼下には北浦。家からクルマで10分の天国。

これは珍しく「いいね」がたくさんいただけた。共感の「いいね」であろう。

これも、カニューレが外れたからできること。

そのうち、「毎日、昼間から風呂に浸かっている暇な奴」との噂がたつかもしれない。

結構なこと、それは仕事が順調ってことだから（笑）。早くそうなりたいものである。

## 辿りついた還暦

２０１７年に還暦を迎えた。前述したように、私自身の疾病に関し、医師の勧める治療法に対し、ＱＯＬを優先する「治療しないという疾病との向き合い方」を選んだ。再発と言うこともあり厄介な相手であるだけに、家族を思えば身勝手な決断だった。心中を周囲には吐露していなかったが、還暦を迎えられるかどうかは実は賭けのようなものだったのである。だから、還暦が迎えられたのではなく、還暦になんとか辿りつけたといった感慨があった。

還暦とは数え年61歳（誕生年に60を加えた年）を指す。ジャイアント馬場のように赤いちゃんちゃんこ、赤い頭巾、白い扇子の3点セットを家族が密かに買ってきて着せられるのかと思っていたが、お祝いなるものは一切ない、60回目も例年どおりの静かな誕生日だった。

還暦祝いに買った300本限定の万年筆セット

でも、還暦祝いなる宴やプレゼントは友人からいろいろいただいたし、自分に対する褒美としてモノを買った。

自分への褒美の一番大きな買い物は、シトロエンDS3。それまで乗っていたBMWミニクーパー・クラブマンから還暦の1年前に乗り替えた。もちろん、中古車である。ルビーのような深い赤のルージュルビというボディに白のルーフのエクステリア。本当はジョーヌペガスという「黄」にしたかったのだが、当時、同居する息子が黄のスズキのスイフト・スポーツに乗っていたので、ガレージに2台の黄色いクルマはどうかと思案し、あえて還暦を主張して赤とした。ちなみに、2018年元旦の我が家は、赤、青、黄、ピンク、白の派手なカラバリの5台のクルマがガレージを飾っている。うち4台がフランス車（シトロエン、ルノー、プジョー）と、これまた田舎では明らかな変人家族を宣言している（笑）。

もうひとつの褒美が300本限定のプラチナの万年筆。欲しかった太字はすでに完売となっていたため仕方なく中字を購入。この万年筆は堤信子さんのプロデュースで、三越伊勢丹とサントリービールとプラチナ万年筆のトリプルコラボ商品。通販はしていないので、わざわざ新宿の伊勢丹まで買いに行った。

ちなみに、この万年筆の情報は、私の嗜好を知っている友人の図書館員が教えてくれたものである。私が好きそうなものを見つけたら教えてくれる、こういう関係もありがたい。

インターネットでは「万年筆の「回り止め」には、トップを目指す〝1〟、初挑戦の〝1〟、一世紀続くモノづくりの〝1〟、の想いを込めた数字の「1」に、マスターズドリームのこだわりの原料であり豊かさを象徴するダイヤモンド麦芽の穂とホップをあしらったデザイン」と広報されている。豪華な木箱にはモルツの「醸造家の夢」が2本。万年筆1本のために作られたこの大きな木箱が大人買いに走らせた。

次に、頂き物の中でも、特筆すべきが「赤い広辞苑」。広辞苑お馴染みの青を覆うカバーが「赤」なのである。

『広辞苑』初版の誕生は1955年5月。私の1年先輩になる。広辞苑も改訂を重ね、2015年に60年を迎えたことから「還暦」バージョンの赤い衣装をまとった特別版が出た。それを拙著を数点出してくれている出版社の編集部から、還暦祝いにと2016年に贈られたという次第。なんとも粋なプレゼントである。

また、同じ出版社の社長からは、大好きなバーボンの「フォアローゼズ」のスモールバッチ（750ml）とグラスとスキットルのセットをいただいた。

そして、塩尻時代、私のオアシスだったバー「しもだはうす」にて、常連客と図書館界の友人が富山、福島、愛知、神奈川、埼玉などから集まってくれての還暦祝いの宴。なんとまあ、贅沢な時間をいただいたことか。

「クルマ」「万年筆」「広辞苑」「スキットル」と四拍子揃っての門出である。私が役所に入った頃、県内の事務担当者の宿泊を伴う研修会にスキットルを携帯してきた退職間近の町役場職員がいた。その人が昼間からウイスキーを飲んでいたのかどうかはわからないが、同じ和室の部屋に泊まったので、宴席から部屋に戻ってくるまで、その酒の飲み方は凄まじかった。そのため、スキットルはこういう呑兵衛が持つものとの印象が深く刻まれてしまった。その後、スキットルを持っている人をたまに見かけることはあったが、自分で持とうとは思ってもみなかった。ところが、そのフォアローゼズ特製のスキットルが贈られたのである。40数年間（笑）飲み続けてきた呑兵衛の証としてのプレゼントであれば光栄である。

シトロエンDS3は無理としても、ほかの三つは私が逝くまで付き合うことになるだろう。そして、告別式の会場に片隅に、拙著と共にシトロエンDS3のミニカーと、この三つを置いておくように、とエンディングノートに記しておくことに決めている。

本作が最後の著書となるのか、それとももっとたくさんの本を書くことができるのか。恐らく、この赤い広辞苑と万年筆が「お手並み拝見」と冷ややかに私を見ているのだろう。

このほかにもたくさんの還暦祝いをいただいた。本稿での紹介は控えさせていただくことをご容赦願いたい。勿論、全て宝物である。

## ホームページをつくってみた

拙著を読まれた方から自宅にファンレターのようなものが送られてくることは珍しいことではない。1点につき3、4通というのが既刊の平均。それらは差出人から私の自宅に送られて来るのではない。出版社から送られてくるものもある。要は私の住所がわからないため、まずは出版社に送るようである。封を開けて出てくるのは、出版社宛のお願いの文書と、封筒の表面に「内野先生へ」などと記された封印された封筒である。私への手紙であることがわかった出版社がその封筒を私宛に送ってくるのである。

フリーランスになって2年くらいは、私が勤務していた図書館や、非常勤講師をしている大学に私の住所の照会がたまにあったらしく、「教えてもよろしいでしょうか」と、図書館や大学から私に問い合わせがあった。断る理由など私にはない。了承すると、数日後、読後感を熱く綴った手紙が届いた。統計に足る数ではないが、男女比はイーブンといったところである。

また、出版社によっては読者はがきを本にはさんでおくこともあるので、枚数は多くないが、現物であったり、コピーであったり、適時送られてくる。

読者はがきには特に応えないが、自宅に届いた手紙には、頻繁な文通の関係に発展しそうな気配を感じたもの以外は、直筆での返事が礼儀と心得て実践している。

こんなことが続くので、数人の友人に相談したところ、「ホームページをつくってみたら」とアドバイスされた。「専任の教員や自治体職員なら、読者にとって勤務先がわかっているので、連絡しようと思えばできなくもないが、非常勤講師のフリーランスじゃ連絡のしようがないじゃない」と教えられた。著者に感想を伝えたいなと思っても、出版社に手紙を送るという行動にまで至る人はそう多くはないと思う。せっかくの出会いのチャンスがあったのに、その勇気がなくて潰《つい》えてしまうのはもったいないと思い、

２０１５年８月９日にホームページを開設した。

ホームページをつくるような感性も技術も持ち合わせていないので、知り合いに相談してつくってもらい、目下、簡易な更新は私が行い、友だちがウェブマスターとしてホームページ全体を管理してくれている。

更新とは言っても、ラジオ番組のゲストや楽曲を追記することと、たまに近況を投稿する程度でしかない。もっといろいろと発信すればいいのだろうが、十分に活かせていないのが実態である。

さて、結果として、連絡先不明の私の居所をホームページで見つけた人はいるのであろうか。ホームページにあるメール機能を使ってこれまでに講演依頼してきた機関は五つ。その他の案件でもときおり随時メールは送られてくるが、講演の依頼に限定すれば平均して半年に１件。ホームページの効果としてはいかがなものであろうかと思えなくもないが、そもそも、私自身のホームページを活用した営業努力が不足していることが問題なのである。

ただし、ホームページでなくてもできることであるが、私自身の講演などの活動の備忘録にはなっている。公開していることで、その正確さも問われることから、モノを書いたり調べたりするには重宝している。

そもそも、私がどこかに所属している身であれば、ホームページはつくらないであろう。そういうセルフプロデュースが正直言って得意ではない。私のラジオ番組出演者の有志で組織する「かじゃ委員会」のコーナーもホームページにはあるので、ラジオ番組が続く間は、このホームページは続けていこうと考えているし、営業となる活用方法もいろいろ模索しなければならないと考えている。

出版社から「出版記念講演会を行いましょう」と提案されても、答えはNO。新聞社から「弊社の新聞に10回連続の連載記事の執筆をお願いします」と言われても、答えはNO。お願いしてきた相手のことを斟酌すれば、辞退することは失礼なことは承知しているが、出版社に余計な負担をさせたくないとか、受ける仕事は身の丈を考えよう、となってしまうのである。どうも業務拡大の営業センスが欠けているようである。

「コミュニティナース」という言葉を2017年11月10日の『朝日新聞』の「ひと」で初めて知った。「病院に属さず、住民の傍らで健康づくりに専従する」看護師の矢田明子さんが紹介されていた。

「病気になる前から接することで生活や人柄もわかる。ひとり一人に即した対応ができます」と。

図書館人として、究極の活動はこれだ、と思った。

これならば、すでにやってなくもない。地域で図書館や読書というものをどうやって浸透させていくか、「コミュニティライブラリアン」を目指せばいいのだ。こだわるべきは在野である。

やれそうなことはいくらでもある。考えるとワクワクしてくる。ラストステージはこれで行こう。

## 七十二候を愛でる日々

「春分」「夏至」「秋分」「冬至」という言葉は、二十四節気のなかでも馴染みのある言葉だと思う。国民の休日になっている日があったり、テレビの天気予報ではリポーターが移ろう季節の節目を教えてくれたりすることで、変化に富む日本の四季を心に刻むことができる。しかし、「清明」、「穀雨」、「芒種」「白露」となると、どうだろう。この日を正確に言える人はそう多くはないのではないか。2017年で言えば、「清明」から順に、4月4日、4月20日、6月5日、9月7日となる。1年を二十四節気で表現すると、こんなに豊かな自然を受け取ることができるのである。

私は斯界の一部の友人に、ターシャ・テューダーのような（遠く及ばないものの）日常生活を送っていると受け止められているようで、庭を見ながら四季の変化を体感する日々を送っているのは事実。個人宅の庭としては決して小さくはない100坪余の庭は四季の変化を感じられるように樹木を選定した。季節の芳香、実る果実、花弁のパステル。そこに遊ぶ鳥のさえずりや、蝶や蜜蜂の舞いに癒される。新緑、紅葉、落葉と色と姿を変えながら、幹を太らせ空に向かって成長する樹木。勤め人時代は、ここまで変化を追えていなかった庭の俳優たちの生命の営みが、フリーランスとなって手に取るようにわかるようになった。これをわかりやすく表現しているのが七十二候である。

七十二候は、二十四節気の各節気を3候（初候、次候、末候）に細分し、5日単位の最も短い期間の季節区分を、気象の動きや動植物の変化で表したもの。二十四節気と同じく古代中国で作られたもので、二十四節気は古代のものが現在も使われているが、七十二候は何度か変更されてきているようである。日本では江戸時代に入って日本の気候風土に合うよう「本朝七十二候」が作られ、現在主に使われているのは、明治時代に改訂された「略本暦」というものらしい。

七十二候という言葉そのものは、元図書館員であるので、蔵書のタイトルになっていることから「見たことのある言葉」であったが、それらの本を一度もめくったことはなかった。

ところが、鹿嶋に戻り庭に面した書斎で過ごす時間が多くなってきて、四季の変化を感ぜずにはいられなくなり、この七十二候を意識するようになったのである。

いくつか、好きな言葉を挙げてみる。

2月　次候　黄鶯睍睆（うぐいす なく）　鶯が山里で鳴き始める
2月　末候　草木萌動（そうもく めばえいずる）　草木が芽吹き始める
3月　末候　菜虫化蝶（なむし ちょうとなる）　青虫が羽化して蝶になる
4月　初候　玄鳥至（つばめ きたる）　ツバメが南からやって来る
4月　次候　鴻雁北（こうがん かえる）　雁が北へ帰って行く
4月　末候　牡丹華（ぼたん はなさく）　牡丹の花が咲く

5月　初候　蛙始鳴（かわず　はじめてなく）　蛙が鳴き始める
6月　末候　梅子黄（うめのみ　きばむ）　梅の実が黄ばんで熟す
7月　次候　蓮始開（はす　はじめてひらく）　蓮の花が開き始める
8月　次候　寒蝉鳴（ひぐらし　なく）　蜩が鳴き始める
9月　末候　玄鳥去（つばめ　さる）　ツバメが南へ帰って行く
10月　末候　蟋蟀在戸（きりぎりす　とにあり）　キリギリスが戸の辺りで鳴く
10月　末候　楓蔦黄（もみじ　つたきばむ）　もみじや蔦が黄葉する
11月　末候　金盞香（きんせんか　さく）　水仙の花が咲く
1月　初候　款冬華（ふきのはな　さく）　フキノトウが蕾を出す

こういった花鳥風月が表現されたもので、先に挙げたのは実際に我が家の庭や近く散歩道で見られる季節の変化である。雪の降らない温暖な鹿嶋では、「熊蟄穴（熊が冬眠のために穴に隠れる）」や「水沢腹堅（沢に氷が厚く張りつめる）」などは、身近には感じられない。しかし、七十二候のほとんどは、日本のどこに住んでいても多少の時期のずれはあるにせよ、体感できる花鳥風月である。これを意識して生活することで、季節の変化が極めて新鮮に感じられるようになったのである。

家に樹木がなくても、一歩、外に出れば、街路樹や公園の樹木があり、温風、大雨、涼風、霧、雷などはどこに住んでいても体感できる。都会や田舎、山間部や平地、寒冷地や温暖地などの違いはあるにせよ、それなりに季節を纏《まと》う生活は心を豊かにする。スローライフの実践にうってつけの暦なのである。

## 軽トラが欲しい

6歳上の市役所の先輩が近所に住んでいる。晴れた日は屋外で、雨の日は屋内で農作業に勤《いそ》しむ。声をかければ「暇なんてないよ」と返ってくる。

小学校の同級生でもある鹿嶋市役所の元同僚は、役所で定年を迎えた後、農業大学校に入学した。老後は本格的に大地と向き合うつもりなのだと。家督を継いだ関係から土地を守る必要があることと、農業への愛着も深い。

そこで、農家と言えば一家に一台必ずあるのが「軽トラ」である。

以前は必要があるとき、女房の実家（我が家からクルマで15分）に行って借りてきたのだが、農作業をしなくなったとのことで処分してしまった。近所を見渡せば、六本木のカローラと言われて久しいＢＭＷばりに、軽トラは停まっているというより転がっている。「荷物を運びたいので、2時間ほど貸してくれませんか」と近所に頼めば済むことであるが、それは気が引ける。もちろん、茶菓程度は気持ちとして届けないといけない。

レンタカーでも借りられるが、田舎で軽トラをレンタカーで借りるというのも何か抵抗がある。やはり軽トラは庭に転がっているクルマなのだ。乗車前に外装をチェックして、ガソリンを満タンにして丁重に返すクルマではない。そもそも、フロアマットに土が付いていない方がおかしい。ダッシュボードに埃が付いていないと安心できない。サンバイザーに退色した給油時の領収書が無造作に挟まっているものなのだ。なにより、フロントグラスは汚れていていいのだ。いや汚れているからカッコいいのだ（笑）。

北浦湖畔をウォーキングしていると、一番出会うのが軽トラである。判で押したように色は「白」。農業女子をターゲットにした某社の8色のカラバリ（オレンジ・ピンク・ブルー・カーキなど）の「色物」はほとんど見かけない。もちろん、軽トラの運転手は、地元のおじいさんたちである。

田舎暮らしは、農業はせずとも何かとモノを運ぶことが多い。資源ゴミもダンボール、空き缶・瓶、新聞紙、布類などをまとめると、回収日にはそれなりの量になる。サラリーマン家庭は、クルマのトランクから後部座席に満載して回収日に持ってくるが、軽トラを持つ家は、荷台にそれらを乗せてやってくる。アメリカの一般的な家庭で乗られている大型ピックアップのように、やはり、日本では軽トラが必要なのだ、と感ぜずにはいられない。ここは田舎なのだ、と。

５０００cc前後の大排気量のピックアップがアメリカであれほど売れているのは、アメリカの郊外に行けば頷ける。日本とは事情が違う。そのアメリカで、日本の軽トラがちょっとしたブームになっていると、テレビなどでも報じられていた。

あのアメリカの公道を軽トラが走るのを想像するとギョッとするが、広大な農場や牧場が軽トラの活躍の舞台とのこと。または狩猟にも使われているらしい。二駆を四駆に改造すれば、車重が軽いので馬力がなくても、荒れた路面もへいちゃらである。そんな日本車の雄姿を広大なアメリカの農場でこの目で見てみたいものである。

さて、そのようなわけで、田園調布にはベンツやジャガーやランチアなどが似合うように、スローライフの田舎暮らしには軽トラが似合うのである。いま一番欲しいもの、それは軽トラである。

## 塩尻は遠くなったけれども

塩尻を離れて6年余。2015年度を最後に松本大学への出講を辞め、あんなに近かった塩尻が見えないくらいに彼方になった。日常、タイムラインに投稿する文章にも「塩尻」の二文字が消えつつある。

ラジオでも同様で、すっかりトークの話題にも乗らなくなった。出るとしたら、長野県内のゲストが出たときくらいである。でも、6年経ったとはいえ、途絶えない五つの交流がある。

一つ目は「食」を通じた交流である。

鹿嶋に遊びに来るゲストはどこの友人が一番多いかと言えば「塩尻」である。当時の部下や親しくさせていただいていた市民が茨城の「食」を求めてやってくるのである。

なかでも、年に1回、茨城の旬の食を求めて泊りがけでやってくる男衆3人連れがいる。塩尻時代によく通ったバーの常連とマスターである。「あんこうが食べたい」「生しらすが食べたい」と長野ではなかなか食べられない茨城の旬を目的にやってくる。春に筍がたくさん獲れた時は送ったり、また直接届けたりした時もあった。塩尻ではまず口にできない「鹿島」がブランドに冠されたハマグリやタコなどの海の幸、茨城が生産量日本一の干し芋も食べてもらった。特に芋が原形のまま干された「丸干し」は見たことがないと驚かれもした。

「念願の秋の生シラスは大洗で食べることができた。次は涸沼のシジミだね」と、2017年10月に鹿嶋を訪ねてきた塩尻の3人連れが帰っていった。3人が揃って茨城にやってきたのは3回目である。

あんこうも食べてもらったし、納豆のてんぷらも鹿島ハマグリも食べてもらった。魅力度ランキング最下位の茨城ではあるが、山のない真っ平な大地と200キロの海岸線。豊饒な自然の幸は長野県民には魅力的な県に映るようである。

一方、長野からは定番のブドウ、長芋、マツタケなどが旬の便りとして送られてくる。こちらは茨城にとってまさにダイヤモンド。特に芳香葡萄ナイアガラは茨城ではなかなか食べられない逸品。こうして「食」を中心に交流が続いているのである。

二つ目は「手紙」を通じた交流である。

いまだに定期的に塩尻の様子を伝えてくれる市民が数人いる。塩尻では図書館協議会委員をお務めいただき、お世話になった方もその一人。年に4、5回のやりとりがある。先方から近況を知らせる手紙が届き、私が返信することが多い。必ずと言っていいほど、毎回、私の塩尻での5年の仕事に感謝との言葉が添えられている。感謝という言葉は、文字に書くと本当に深く心に響く。新しい図書館づくりにあたり、助けられ、支えられたのは私の方である。その言葉は何十倍にして私が返さなければいけない言葉なのである。

三つ目は「紙面」を通じた交流である。

紙面とは、『信濃毎日新聞』（長野県ナンバーワンの地方紙）、『市民タイムス』（長野県中信地区の地域紙）、『松本平タウン情報』（『信濃毎日新聞』に週3回折り込まれる中信地区のフリーペーパー）といった、塩尻市内の読者数で言えば『朝日新聞』や『読売新聞』といった全国紙を凌駕するメディアとの関係である。

先の新聞2紙は拙著の刊行をよく取り上げてくれていて、特に『市民タイムス』はこ

塩尻市内の書店ではベストセラーにまじって

（第３種郵便物認可）　（平成30年1月6日）市民タイムス

読む・語る

# キーワード「図書館の魅力」

## 内野安彦さん　2冊出版

内野さんが出版に関わった新刊

開館に関わった塩尻市立図書館の元館長・内野安彦さん（61）＝茨城県鹿嶋市＝はこのほど、図書館が題材となった本を2冊相次いで出版した。『ちょっとマニアックな図書館コレクション談義ふたたび』（樹村房）と、『図書館からのメッセージ＠ドクター・ルイスの"本"のひととき』（郵研社）で、ともに図書館の魅力について語られている。

『ちょっと～』は、愛知県田原市中央図書館勤務の大林正智《まさとし》さん（50）との共編著だ。平成27年に大学教育出版から発行された同名書籍の続編で、以前に塩尻市立図書館司書を務めていた北澤梨絵子さん、図書館とゆかりの深い7人が、選書や棚づくりなどについて述べている。

『図書館からの～』は、内野さんがパーソナリティーを務め、5年続くラジオ番組をネタにした2作目だ。招いたゲストの言葉から、内野さんがストーリーを紡いでゆくといった形式がとられている。内野さんは「思い出を語ったり、夢を語ったり、課題を読み解いてみたりしました」とする。

『ちょっと～』は四六判、203㌻。1800円（税別）。『図書館からの～』は四六判、239㌻。1500円（税別）。問い合わせは書店へ。

（中村弘明）

長野県中信地区で広く読まれている「市民タイムス」（提供）

れまで刊行されたほぼ全ての著作を紹介してくれている。また、『松本平タウン情報』には、年に2回、「読書の楽しみ」と題したリレーコラムを5年間寄稿してきた。鹿嶋での近況や、塩尻市民との交流を「本」をネタに綴ってきた。

四つ目が「本」を通じた交流である。

本作は、単著はもとより、編著書や分担執筆といった、それなりに自分が関わった本も含めると12冊目の本となる。新刊が出るたび、塩尻の書店の方が鹿嶋よりも積極的に拙著をPRしてくれており、なかでも中島書店は、毎回平積みにしてくれて、さらに玄関口のウェルカムボードで新刊発売を大々的に周知してくれている。既刊本の中には100冊以上販売した作品もあったと聞いたことがある。書店の規模からいって、年間に100冊も売れる本は片手で数える程度とのこと。ここ塩尻では拙著が堂々とベストセラーとなっているのである。

五つ目が「図書館の棚」を通じた交流である。

これまで上梓した拙著が、塩尻市立図書館の一般書の棚のほかに郷土資料の棚にも排架されている。わずか5年過ごしたに過ぎない私の著作を、塩尻の郷土資料として扱ってくれていることは感謝に堪えない。

鹿嶋市や潮来市の図書館では、恥ずかしながら郷土の作家として拙著が別置されている。しかし、これは鹿嶋市生まれという「郷土」のアドバンテージがあるからにほかならない。その点、塩尻はわずか5年間、「館長を務めた」という事実しかない。郷土資料は、それなりの理由がなければ10年程度で除籍されることはない。それどころか永年保存の対象として扱われるものである。この先、塩尻の図書館の棚に鎮座する拙著が、いつまで蔵書として扱われるかはわからないが、少なくとも私の命よりは長く生きていきそうである。

＝追伸＝

新刊が出るたび店頭に平積みしてくれる中島書店の様子を、いつも図書館員が写真に撮って知らせてくれる。私はそれをフェイスブックのタイムラインに投稿する。2017年12月に送られてきた写真は、10月、11月と2か月連続で新刊を出したこともあり、2冊が仲良く並んでいる珍しい写真だった。

これを見た新潟県立図書館の友人が、塩尻のこの書店に寄り、店主に挨拶し、県立図書館が所蔵していない最初の2冊の本（『だから図書館めぐりはやめられない』と『図書館はラビリンス』）を購入しました、と私の投稿にコメントしてきた。わざわざ寄ってくれたのである。こんな嬉しい繋がりはない。

全国から塩尻の図書館に見学に来る人が絶えないと仄聞《そくぶん》する。しかし、地元の本屋に、しかも拙著を求めて、こうして寄ってもらえるようなことはあまり聞かない。これもまた、一つ恩返しができたようで嬉しかった。

# II

# 図書館員でなくなって見えてきたこと

## ライブラリアン・コーディネーターを名乗ってみた

フリーランスになって、全国あちこちに講師として招かれるようになった。少し大きな会場ともなれば、横断幕や懸垂幕に、演題、肩書、名前が大きく書かれて掲出される。その肩書の多くは「常磐大学等非常勤講師」か「元（前）塩尻市立図書館長」が多かった。塩尻市役所を退職直後は、これが「前塩尻市立図書館長」であったが、「元」ともなると、賞味期限どころか消費期限すら過ぎてしまっていると言わざるを得ない。塩尻の館長だったという過去の肩書は「昔の名前で出ています」そのもので、紹介される肩書としては少々抵抗を感じていた。「今」の私の立ち位置を表現するものはないのか、と。

講演で塩尻の話をする際は「これは私が着任早々に職員に指示したことですが、こちらは私の後任の館長やスタッフが考えたことです」と、内容によっては、細かく付け加えて喋らないといけない。

私を講師として選んだ理由は何なのだろうか。依頼者に尋ねたら、「大学の非常勤講師をされていることが決め手です」とは絶対にならないだろう。だとすると、肩書の「大学非常勤講師」というのはどこか違和感を覚えるのである。

塩尻市役所を辞して月日が経つほど、「元（前）塩尻市立図書館長」が漸減し、「大学非常勤講師」が多くなってきた。一番多かった2015年度は五つの大学に出講していたので、依頼者からは「肩書のご指示をいただきたい」とよく言われた。自宅から一番近い大学が水戸市の常磐大学だったので、こう聞かれた場合は「常磐大学等としていただければ」と答えた。

ところが、この「常磐」がよく間違えられたのである。それは同じ読みの「ときわ『常盤』」である。さらに、茨城を南北に走る高速道路は「常盤自動車道」。読みは「じょうばん」である。こうなると、懸垂幕には「常盤大学」と書かれ、司会の方に「じょうばんだいがくの先生」と紹介されたことが一度や二度ではない。あとになってミスに気付き顔面蒼白になるであろう担当者をおもんぱかって、妙案はないかと考えた。同志社大学や熊本学園大学ならば、こういった綴りや読みの間違いは起きないであろうが、茨城に住んでいる以上、私は常磐大学にこだわりたかったのである。しかし、そもそも私が大学非常勤講師であることが依頼主の選定理由にないのであれば、全く別の名称を、しかも名は体を表すのであるから、私がフリーランスとして何にこだわっているのかを表す言葉を名乗ることにした。それが「ライブラリアン・コーディネーター」である。

正直言って、私がこの名称を名乗る人と名刺交換したら、相手が私を訝《いぶか》しがることは間違いない。意味のわからない横文字職業も信用しがたいが、こんなにわかりやすい英語で堂々と名乗られると、なんだこいつとなる。恐らく日本で名乗っている人はいないと思うし、こんな大胆な肩書を名乗ることに躊躇するであろう。当然であると思う。でも、フリーランスとして最も意識しているのは、図書館員と図書館員を結び付けることである。ラジオも執筆活動もまさにそれが目的。ならば大胆な肩書ではあるが、斯界では唯一無二のいまの活動を卑下することなく公言することにしたのである。

２０１７年初めに、この肩書を書いた名刺を作った。フライヤーとしては秋田県八郎潟町立図書館での講演がデビューとなった。さすがに面と向かって当人である私に「この肩書は変ですよ」と言ってはこないが、内心、こいつは何様だと思っている方がいてもおかしくないと思う。図書館に電話して「ライブラリアン・コーディネーターの内野と申しますが……」とは悲しいかな、さすがに名乗れない。

生真面目な名刺をいただき、その交換に私の似顔絵、肩書は英語で「Librarian

Coordinator」である。一歩間違えると信用ならぬ奴の烙印を押されかねないことを危惧しつつも、この名刺を使い続けている。使い始めて1年経ったが、危惧していたリアクションは意外にも皆無。むしろ、色やデザインに対する感想を口にされることが以前に増して多くなった。

私なんぞ、どの道を歩んでもナンバーワンにはなれない。いや、ハンドレッドにもサウザンドにも入れない。でも、興味あることにいろいろ首を突っ込んでいるうちに陸上のデカスロン（十種競技）ではないが、少しずつオンリーワンに近づいていっているような気がする。ウクレレを弾いて、図書館をネタにした創作落語を一席弁じる。これが5年後、私のもくろむ姿である。そんな私の下手な芸を見ているのは地元の高齢者の方々。繋げるのは「Librarian」ではなく「Civilian」。一人でも多くの市民に図書館を知ってもらうこと、使ってもらうこと。それが私の生涯の仕事なのである。

# 図書館員の小粋な仕掛け

和歌山県那智勝浦町に初めて講演で伺った時の意表を突いた空港での歓迎や講演会場でのBGMは拙著『図書館はまちのたからもの』（日外アソシエーツ）に書いた。あの嬉しい事件以降も行く先々でいろんな迎えられ方をされる。熱烈歓迎もあれば、極めて事務的なものまで千差万別である。

なかでも「これってマジ？」とほくそ笑んでしまったことがある。

2016年10月、奈良県立図書情報館主催の研修会の講師に招かれ、会場のある橿原市を初めて訪ねたときのこと。研修会の前後に時間に余裕のある時は必ずそのまちの図書館と書店を見て、飲食をすることを自らに課しているので、この日も橿原駅から徒歩10分くらいのところにある橿原市立図書館に向かった。

いやらしい性格なので、館内に入るとすぐに拙著があるかどうかOPACで調べる。家を出る前に調べるのは容易なのだが、行く前から凹むこともままあるので、講演直前にすることにしている。総記の棚に行くと、驚くことに『ちょっとマニアックな図書館コレクション談義』（大学教育出版）が、面出しで置かれ、「おすすめの本！」と吹き出しを模ったピンク色のかわいいサインに、「図書館をもっと知ってみませんか？」のコピーまで添えられていたのである。発行されたばかりならいざ知らず、約1年も経っていたころである。これは嬉しかった。さらにこの嬉しさを倍増させたのは、講演前に必ず私が図書館に寄るだろうと思い、歓迎の意味で仕組んだものと知らされた時だった。なんとも小粋なウェルカムではないだろうか。

２０１７年5月、福岡県福智町の図書館・歴史資料館「ふくちのち」が開館して早々に市民向けの講演会の講師に招かれた。講演会場に設えられた演台の上には、事前にお願いしてあったパソコンが置かれ準備万端。近づくとそこにお洒落な仕掛けがあった。私がクルマ好きと知ってか、パソコン操作用のマウスが日産マーチの3代目(K12型系)を模したものだったのだ。クルマを模したマウスが販売されていることは知っていたが、実際に使うのは初めて。開始時刻前にテンションを上げてくれる司書の微笑ましい細工だった。

話は少し変わるが、何故かそれまで気づかなかった楽しい経験をした。それは、

私がクルマ好きと知って、マウスがクルマ

2016年8月、佐賀県立図書館での研修を終えて、帰路に就く飛行機のフライトまで時間が少しあったので、館内を自由にブラブラしていたら、バックヤードの自転車が目に入った。スタッフに聞けば図書館の備品とのこと。「少し貸してもらえませんか」と尋ねれば、「どうぞ」との返事。早速、市内の散策へと出発した。佐賀市の市街地は極めて平坦。交通量も少なく、市立図書館を見学し、佐賀大学のキャンパスを覗く。ときおり、担当の方に公用車で市内を案内いただくこともあるが、自分で自転車に乗って研修会場周辺をめぐるのが何より楽しいことを知ったのである。

県庁所在地となるとどこでも街並みは美しく、自転車専用の道も整備されているところが多い。何と言っても、徒歩に比べ移動の範囲が広がる。

私のように街歩きの好きな講師には「自転車使用の有無」なんて照会が事前にあると嬉しいのである。研修担当者の皆さま、要検討を(笑)。

## 名刺交換の裏技

これは千葉での講演が終わって講師控室で研修会参加者から教えていただいたことである。拙い話しかできない私でも、講演後は名刺交換を目的に参加者の5人〜10人が列をなしたりする。一番最初に名刺交換に来た方は後ろに何人並んでいるかを気にしていないことが多く、私との会話に2〜3分かける人が少なくない。しかし、自分の前に何人、後ろには何人と見える順番の列の中にいると、「本日はありがとうございました」の一言だけでの名刺交換で諦めてしまう人が多い。それは後列の方を配慮してのこと。特に若い女性にその傾向が強い。列に並ぶのさえ勇気を振り絞ったのに、その上、会話なんてとんでもないといった全身緊張感でバキバキの感じの人もいたりする。

正直、10人も続けて名刺交換したら、全員の顔と名前の一致はすでに無理である。申し訳ないことであるが、よほど外見に特徴があるか、一瞬の言葉のやりとりに印象に残る単語や表現がないと、まず記憶には残らない。還暦を過ぎて記憶力が急降下の私の場合、もはや5人くらいが限界である。

SNSが盛んな現下、先にフェイスブックで繋がっていて、頻繁にやり取りをしている仲ならば、講演会場で初めて「本人」に会っても、なんら問題はない。互いに相好を崩し「やっと会えましたね」となる。というか、狭い会場なら、すでに壇上の私の視界に入っていなくもない。

ただし、フェイスブックに自分の顔写真を載せない人は困る。愛猫の写真や酒席に並ぶご馳走の写真では、「こんにちは」と声をかけられても、わかるはずもない。

大きなイベント会場ともなると、その日だけで30～40人くらいの方と名刺交換する日もある。こうなると、その日の夜にいただいた名刺をホテルの卓上に並べてもどうしようもない。

私はたまった名刺は数年に1回整理をすることにしている。電子データで管理するつもりもなく、整理時に名刺から顔が想起できない人のものは廃棄する。

「私はこの体型（例えば、太っている）から相手に覚えてもらいやすいの」と安心はできない。同じような体型の人が入れ替わり挨拶に来られたら、自慢の体型は特徴にはならない。要は、交換する相手が私のような者ならたかが知れているが、高名な人だと、交換する数も相当なものになるということである。高名な人の名刺をゲットするのが目的ならばそれでいいが、自分のことを覚えていてほしいというのであれば、名刺のデザイン、交換の際の言葉、自分自身の装いなど、周到な作戦が必要である。

私の場合、髭を蓄えているので、多少は覚えてもらいやすい顔とは思うが、三度も名刺交換して、2回目も3回目も「はじめまして」と声をかけてこられた斯界の高名な方がいる。さすがに3回目は僭越ながら「初めてではありませんが」と言わせていただいた。

そこで、先の千葉での一件となる。列の数人目に並んでいた女性の一言がいかしていた。「私もシトロエンに乗っています」と。すかさず、私は「何を（車名を尋ねた）？」と返すと、「C４です」との短いやりとり。そして、その女性は「（内野さんと）喋れないと思っていたので、名刺の裏に書いておきました」と。その方は公共図書館の女性館長だった。

これは印象に残った。拙著の読者やフェイスブックで繋がっている人なら、私のクルマ好きはつとに知られるところ。しかも、現在の愛車は外車でもオーナーの少ないシトロエン。そんな私に「私もシトロエンです」と、しかも女性から言われると、これは即刻インプットなのである。

これまでも、名刺交換時に「私の愛車は〇〇です」と語ってくる人はいた。そう声をかけてくるのは外車のオーナーが圧倒的に多い。どこか共通する何かがあるからだろうか。２０１８年３月に熊本県菊池市での講演後の懇親会では「初代のフィアットパンダに乗っています」と挨拶してきた女性がいて、「あのジウジアーロの……」と返すと、「左ハンドルのマニュアルです」と返ってきた。図書館界の女性は実に面白い人が多い。

東京都内の某図書館の館長は、仕事の関係で知り合ってしばらくしてから、相当なクルマ好きであることがわかった。どうして出会って直ぐにクルマ談義を仕掛けてこなかったのかは謎なのだが、なんと愛車は「日産ブルーバード５１０」。エンジンは輸出用のダットサン・トラックに積まれていたものと換装しているとのことなので、完全オリジナルではないが、街を走れば団塊の世代はもちろん、若くともクルマ好きなら羨望の眼差しを送る名車である。

ヴィンテージカー専門誌にカラーで４ページにわたり紹介された記事を見せられた時は、正直、いかにも公務員的な容姿（深い意味はない）とは裏腹に、愚直にマニア道を歩む姿に敬服した。

ちなみに、仕上がった状態のヴィンテージカーに大枚を払ったのではなく、１９８５

年に３０００円の菓子折りと交換に手にしたものだと。そこからレストアしたり、カスタマイズしたりして、走行距離はすでに30万キロを超えているとのこと。相当なマニアである。

全国の図書館を巡っていると、クルマ偏愛の図書館員は少なくない。クルマ好きは、カフェや美容院といった自営業者ならば、一見して「個性的です」的なオーラがあるのだが、どっこい、公務員はそうはいかない。ステレオタイプな髪形と背広。話し方も長年の宮仕えで身についてしまった悲しき議会答弁風。でも、そんな人の容貌と真逆なお茶目なカーライフを送る姿がたまらない魅力なのである。

こうしたクルマ好きの図書館員を訪ね、愛すべき図書館とクルマの理想的な関係など語ってもらうルポルタージュが書けたら楽しいだろうな、と思うこの頃である。そんな一家言を持った図書館員のいる５３７（自動車工学）の書架にはきっと何かお宝本が隠されているはず。いや、開架には出さず、ひっそりと閉架でご指名を待っているかもしれない。そんな逸品を紹介したいものである。

役所なら、お堅い名刺は仕方がないこと。でも、名刺の裏は真っ白な人が多い。ここに一言、相手に伝えたいことが書き添えられていると、受け取った方も記憶に残る。ただし、「本日はありがとうございました」のような言葉では、私の場合、その保証はないのでご容赦を。

## 忘れてはならないこと

もともと朝型人間ではあったが、フリーランスになって、職場の付き合いがなくなったので、ストイックな朝型となった。役所の管理職にあっては、二次会の誘いを「ごめん」とはいかず、部下から「ちょっと行きますか」と誘われれば断れず、また、部下の様子を窺いながらときどき誘うのも管理職の仕事であった。どうしても現職時代は21時就寝、4時～5時に起床という規則正しい生活は難しい。また、それを最優先して励行しようという気持ちも毛頭なかった。

フリーランスになって一番良かったことは、付き合いがないことである。上司も部下もいない。私の場合は、さらに気にしなければいけないクライアントもいない。ただし、私のスケジュールに関心を持つ部下もいないので（家人はもとより無関心）、「館長、今日の午後は会議でしたよね」などど、失念していた仕事に気づかされることもない。完全な自己責任である。

私の自慢の一つは「風邪をめったにひかないこと」。危ないなと思ったら早く床に就く。これが一番である。

私の仕事は代わりがいないという思いが、ストイックな朝型人間にしていることは確かである。遠隔地の講演では、朝早く起きて始発の高速バスで東京駅や羽田空港に行くことになる。目覚まし時計に頼ったことは一度もないし、家族に起こしてほしいと頼んだこともない。体内時計が20分と狂うことなく、3時前後に起こしてくれる。遅刻するわけにはいかないし、ドタキャンもできない。

公務員時代は体調不良で、当日の朝、「すみません、今日休ませていただきます」と始業時刻前に電話すれば、それで済んだ。ところが、今の仕事でそれをやったら、大変なことになる。授業や講演を合わせて５００回以上やっているが、インフルエンザで補講せざるを得なくなった1回を除き、一度もドタキャンはない。学校の児童生徒であれば、インフルエンザは欠席扱いにならない。この時も別な診察で医師に診てもらったときに、罹患していることを告げられ、大学に連絡したところ休むよう指示された。この1回きりの休みをそう解釈すれば、500余戦無敗なのである。

しかし、体調不良で苦しんだときが二度ある。どちらも県立図書館が主催の研修会。一つは教育関係者なども混じった大きな大会での基調講演。もう一つは県内の図書館長を対象にした研修会。前者は完璧な二日酔い。後者は未だに原因がわからない講演当日未明の突然の悪寒だった。

前者に理由は要らない。言い訳もできないので書くことはないが、教訓を得た。講演の前の深酒は絶対に禁物と。以来、講演前夜の酒席の二次会は遠慮することにしている。

後者はいまだに謎である。講演当日の0時過ぎ、本当に突然、悪寒が全身を襲った。ブルブルなんてものではない。トイレに1時間に1回駆け込む有様。この日は前日に会場地入りしていた。朝まで眠れず、朝食を食べれば少しは好転するかと口にするが、ほとんど受け付けない。医院の始まるのを待ち、ホテルから紹介された内科を受診した。「白血球が異常値を示している。どうしても仕事に行くというのなら、点滴を打ってからでないと認められない」との医師の診断。もちろん、講演のドタキャンはできない。

医院までの300メートルを歩くのがやっとだった体であったが、点滴を打ってからはなんとか歩けるようになり会場の県立図書館へ。冒頭に体調の悪いことを告げ、万が一の場合の許しを先に乞い、なんとか2時間の講演を済ませた。その後の情報交換会はさすがに無理と辞退し、早々とホテルへと戻った。

この日はめったに訪ねることのない土地ゆえ、知人の大学教員と飲み会の約束を事前にしてあった。いくらなんでも行けないないなと思っていたが、年上の相手を思うとそうも告げられず、結局、予定の時刻に差しで飲み始めた。食欲のなさを心配されないよう、今日の体調を話半分にして告げ、盃を空けるうちに、みるみる体調が戻ってくるのがわかった。数時間であんなに味覚が変わるのも初めての体験だった。とはいえ、無理は禁物。酔いの浅いうちに別れ、ホテルに戻った。

翌朝は完璧なコンディション。いったいあの悪寒は何だったのか。講演先は牡蠣で全国に知られる場所だけに「食あたりでは」と言う友人がいっぱいいたが、これでも一応プロのはしくれ。生で食べることは避け、フライを食した。

深夜の体調の急変をフェイスブックにアップしたところ、ある大学教員のコメントにこうあった。「本学入試出張では牡蠣鍋禁止です」と。なるほど、ここまで徹底しているのか、と唸った。

ちなみに、結局のところ悪寒の原因は不明である。前述のとおり決して牡蠣ではない。

考えられるのは疲労である。愛知、茨城、広島と東奔西走していた時で、疲れた体で平和公園や厳島神社など前日に歩き回ったせいではないかと思う。

前日の深酒はすでに学習済み。講演前の慌ただしい移動も要注意という啓示であったと思う。

いつまで講師依頼の声がかかるかわからないが、ベストな体調で講演当日を迎えることが講師の責務である。やはり早寝に限る。

## ブローチの効能

私はピンバッジが好きで、講演には必ず付けていく。アイテムはクルマ、本、楽器が多く、フラワーホールに付けた小さなバッジにもかかわらず、初対面の人にはかなり印象的に映るらしい。

こんなことがあった。「素敵なブローチですね」と、フライトアテンダントに声をかけられたのだ。ピンバッジではなく「ブローチ」という表現だった。

ブローチコレクションの一部

帰宅してから、『広辞苑』で調べてみた。「バッジ」は「徽章」としか載っていない。では「徽章」は何かと言えば、「職務・身分または名誉を表す、衣服・帽子・提灯などにつけるしるし」とある。そして「ブローチ」はどうかと言えば、「洋服の襟または胸などにピンでとめる装飾品」とある。となると、私が付けていたクルマ（当日はトヨタ博物館で購入したトヨタ２０００GT）のそれは、「ブローチ」という表現が正しいようだ。さすがフライトアテンダントである。ちなみに、インターネットでは「バッチ」と「バッジ」が混在しているようである。

この「ブローチ」集めであるが、美術館や博物館のショップでは必ずといっていいほど置いてあるアイテムである。来館記念に一つと買い求めているうちに、それなりのコレクションとなった。私が付けているブローチに興味を示した人には「良かったらどうぞ」とプレゼントすることもままある。高価なものではなく、手垢のつくようなものでもないので、もらってもらいやすいのもブローチの良さかもしれない。

ものが小さいだけに50個貯めても、『カーグラフィック』一冊の重さにもならないし、場所もとらない。リユースを考えても、ブローチ集めは良いかもしれない。

例えばクルマのブローチを付けていれば「おクルマがお好きなのですね。それはなんというクルマですか？」となるし、ドラムセットならば、「ドラムをたたかれるのですか？」となる。美術館で購入した絵本作家のキャラクターを付けていれば「私、○○さんの絵本大好きなのです」となる。初めて会った人にもかかわらず、話しやすい雰囲気がつくれるもののようである。

何といってもブローチは、相手に突っ込まれてもいいと言うか、むしろ自分の趣味に突っ込まれたい魂胆がみえみえのアイテムかもしれない。初対面の相手に話かけるのはどうも苦手で、という方にはお勧めである。

大人数の立食パーティなど、ネームホルダーの片隅に、自分の好きなブローチを付けて参加するなんてルールがあれば面白いのになぁと思うのは私だけだろうか。

## 当世フライヤー事情

チラシが「フライヤー」と呼ばれるようになったのはいつごろからだろうか。講演の依頼主からフライヤーに使用する写真の可否についての照会があり、そのとき初めて「フライヤー」という言葉を知った。わずか2年ほど前のことである。広告業界では周知のことなのであろうが、少なくとも私の周囲ではフライヤーというよりは、まだ「チラシ」が幅を利かせているように感じる。

ちなみに、チラシとはフライヤーに比べ大量にまかれるものを指すらしい。しかし、その数量や配られ方に明確な違いはないようにも感じる。むしろ、チラシは薄手の紙、フライヤーは厚手の紙と言うと何となくわかった気になる。

新聞に折り込まれる生鮮食品を扱うスーパーや家電量販店の四つ折りや八つ折りのような大きな紙はチラシ。一方、市民文化センター等で行われるコンサート案内はやや厚手の紙が定番でフライヤー。映画館のラウンジで置かれている近日上映の作品も、そういえば厚手の紙である。コレクションとして保存するにも厚手の紙の方が扱いやすく、資料的な価値にも違いがありそうである。ちなみに、私の趣味の一つの外車ディーラーの新聞折り込みチラシは、フライヤーと呼ぶにふさわしい厚紙である。一方、国産車は「チラシ」と呼ばれる薄手の紙であることに気づいている人はどれくらいいるだろうか。

さて、私のホームページを管理してくれている「かじゃ委員会」のウェブマスターから、私の講演会の「チラシ」を集めたギャラリーをホームページに追加したいとの相談が２０１７年の初めにあった。

私の講演会の依頼主は、大きく分けると二種類である。一つは文部科学省、都道府県立図書館、市町村立図書館、日本図書館協会等の機関。受講者は都道府県立図書館が支援する管内の図書館職員という場合が一般的で、一般市民はその対象ではない。もう一つは市町村立図書館や市民団体が市民を対象に企画したもので、こちらは入場制限がない。

前者は受講者が限定なので周知用のポスターもチラシも作成されない。後者はそれらを掲示・頒布することで集客に努める。

こうしたことから、フリーランスとなって、これまで１４０回以上の講演をしてきたが、チラシのあるものは限られており、また、主催者からデータをいただき保存してあるものとなるとそれほどの数にはならない。二つ返事で了解し、過去の講演会等のチラシを探してみると、なかなか興味深いものであることを再発見したのである。

なかでも、私の講演会がこんなにも魅力的なチラシになるものかと感嘆したのは、２０１７年５月、神奈川県大磯町のＮＰＯ法人大きなおうちが企画し、大磯町立図書館を会場に行ったもの。図書館に関する講演会で、講師である私の愛車（シトロエンＤＳ

3）がチラシに印刷されるというのは前代未聞。どうしてまたそんなデザインになったのかと言えば、講演会のテーマが「図書館で覗くクルマの世界」だったことによる。
荒唐無稽とも言えるこのテーマは、拙著『クルマの図書館コレクション』（郵研社）を読まれた大磯町立図書館の早崎館長が大のシトロエンマニアであることに起因する。聞けば、シトロエンは現在の愛車で4台目だそうで、それなりの年式の車両のため、かなり手のかかる「家族」とのこと。年齢は私とほぼ同じで、運転免許歴も同様。免許を取って以来、すでに所有したクルマは20数台を数える私に比べ、氏が所有したのは5台で、うち4台がシトロエンと言うのであるから恐るべきマニアである。こうした互いの車歴が呼応して生まれたのがLibrary Café講演会だった。当然、チラシも面白いものになったのである。

さて、私がクルマ好きということから、主催者が気を遣ってくれて講演会のチラシにクルマのイラストを使ったり、また、柔らかい印象を与えるために私の似顔絵を使ったりと、最近の私の講演会のチラシは、かなりビジュアル的に凝ったものになりつつある。

また、チラシにつきものなのが顔写真。決して有名人でもないのに、私の顔写真を使いたがる主催者は少なくない。ただし、この顔写真がどうもいただけないようで、気の

クルマと
図書館を愛する
図書館人が語る
～Library cafe 講演会～
図書館で覗く
クルマの世界
クルマ好きにも聞いてほしい！
図書館員にも聞いてほしい！
クルマと図書館に関する
おトクな話。
講師：内野安彦氏
日 時：平成29年5月28日（日）午後1時～4時
参加費：500円（コーヒーまたは紅茶とクッキー付き）
持ち物：マイカップをご持参ください。
主 催：NPO法人大きなおうち

図書館職員・一般市民向け講演会
演題「今あらためて考える、図書館の魅力とは」
内野安彦氏来館！
日時：平成30年3月5日（月）
13:30～16:30
場所：生涯学習センター（2F）
大研修室
定員：100名（無料）
内野安彦氏プロフィール
内野安彦氏講演会申し込み用紙
名前
住所
連絡先（電話）
主催：菊池市立図書館（お申し込み・お問い合わせ先 0968－25－1111）

置けない友人からは、再三「癖の強い公務員の典型のような、チラシには合わない証明写真は撮り直したら」と言われているのである。ニコリともしない表情、髭があることでさらに強面を強調、そして黒地の背広が没個性の公務員的などと、友人には実に評判が悪い。

確かに言われてみればうなづくことばかり。せっかくやさしい講演タイトルをつけたのに、明らかに不似合いな表情の顔写真では主催者が可哀想という指摘も一理ある。しかも、ネットに出回っている私の似顔絵の一つは「フーテンの寅さん」を模したテキヤの服装である。というのも、私が大の寅さん好きということから、友人が気を利かして描いてくれたもので、名刺に印刷していたこともあったくらいお気に入りの作品なのである。

こうして、私の市民向けの講演会のチラシは、強面の証明写真に加え、クルマ、寅さん風似顔絵といったおよそ図書館関係の講演会らしからぬデザインとなりつつある。

顔写真については家族からも酷評を受けるところとなり、仕方なく娘に撮ってもらった。目がキツいと言うので伊達メガネをかけ、目いっぱいの作り笑顔を、やや斜めから撮ってもらった。このところ目立つ顔のシミも少し消してもらった。いわゆる修正画像である(笑)。早速、この写真を使った熊本県菊池市の講演会のチラシを見たフェイスブックの友だちから「私のイメージとしての内野さんじゃない」とのコメントがあった。

そう言えば、私の講演会参加者からこんなことを言われたことがあった。「強面でいらっしゃるのに、軽妙で親しみやすい語り口で素敵でした」と。

となると、無理に作り笑いなどせず、強面と喋りのギャップを売りにすればいいのか、と考え始めてもいる。なんとも難しい問題である。

写真と言えば、フェイスブックで理由もなく私がタグ付けされる。記事の内容からは私に全く縁のないもの。それなのにどうして私がタグ付けされるのか、ほどなくして気づくに至った。それは投稿者がアップした写真に謎を解く鍵があった。イラストでも写真でも口髭に敏感に反応してしまっているようなのである。それはだれかと言えば、始まりは夏目漱石。間違われるにはあまりに雲の上の人なので光栄であるが、そんなに似ているとは思えない。髭の形は似てなくもないが、顔の輪郭は全く違う。ちなみに顔ならば岡倉天心の方が極似と言われている。

笑顔は似合わない。校長室に飾ってあるような斜めに構えた姿勢も好みではない。さて、この強面、どうしたものか。

## ノンバーバルコミュニケーション

最近知った言葉の一つに「ノンバーバルコミュニケーション」がある。意味は非言語のコミュニケーション。日常の職場や家庭でのコミュニケーションは会話（言語）によるものなので、バーバルコミュニケーションという。「ノン」が頭につくと非言語となることから、声、表情、動作、服装などの言葉によらないコミュニケーションを意味するものとなる。

アメリカの心理学者、アルバート・メラビアンが行った実験結果によると、人が他人から受け取る情報（態度や感情など）の割合は、顔の表情が55％、次いで声の質、音量、テンポが38％、そして肝心の内容は7％に過ぎないとの結果が示された。メラビアンの法則と言われているそうだが、人前で1回90～120分話をする仕事がフリーランスとしての日常になった今、思い当たる節はいろいろある。また、この法則云々を知る以前から、気をつけるよう友人からアドバイスを受けてもいた。

大学の授業では、毎回、学生にリアクションペーパーを提出させることで、授業内容の理解度や反省点などの確認を行っている。大学によって様式はさまざまだが、概ね200～300字程度は書いてくる。授業内容が学生の興味や理解度などと乖離《かいり》しないようチェックをする大切なコミュニケーションツールの一つである。

今どきの学生である。なかには文章に加えイラスト入りもある。また、学生の性格なのか、一番授業で印象に残った言葉を毎回書いて、「感動しました」や「納得しました」など、教える側の私に動機付けとなる言葉を送ってくる者もいる。こんな文章もあった。「先生の長野愛がすごい」と（笑）。塩尻を語りだすと、学生には熱すぎるようである。

1科目15回の授業を通してみると、最初の頃は「頑張ります」「ありがとうございました」「次回もよろしくお願いします」と杓子定規だったものが、中盤から「先生の○○な姿勢は素敵です」などが出てくるようになる。最後の全体の感想には「毎回、服装が素敵でした」「後ろの方は聞こえますか、板書の字は見えますか、との言葉かけが嬉しかったです」など、その変化が面白い。なかには「いままで受講した授業でナンバー1です」など、社交辞令丸出しのものもあるが、これもコミュニケーションが図れた結果であろうと思う。

私も気を遣っている。リアクションペーパーで見つけた学生の素晴らしい「気づき」を、次の授業で学生に知らせる。もちろん、名前は伏せるが、なかには「取り上げていただきありがとうございます」と丁寧に書いてくる学生もいる。

服装については、複数の学校に出講しているので、授業時の服装はノートに記しておくことにしている。そうしないと、学生から見たら毎回同じ柄のシャツを着ているということにならなくもないからである。

どういう時事ネタや図書館四方山話を喋ったかもノートに記しておく。学生は「小噺」と受け取っているようであるが、すこぶる受けがいい。

履修生が40~50人ともなると、学生個々とのバーバルコミュニケーションはとりにくい。専任の教員と違い、非常勤講師は90分間の教室というリング以外、なかなか学生との接点はとれないのである。

図書館員や一般市民向けの講演会や研修会での服装も、公務員時代のスタイルとは変えた。奇を衒《てら》うような服装にした方が印象に残るのは承知しているものの、そこはシャイな元公務員。それでも多少は意識してドレスコードは考えてもいる。

ノンバーバルコミュニケーション云々とはいえ、授業も講演も講義も基本は中身である。大学でも講演先でも講師が学生や受講生に評価されるのは当たり前のこと、とは思っている。教員として講師として緊張感が持てるし、反省点の確認にもなる。

大学では学生による教員の授業評価は当たり前。1年契約の非常勤講師にとって気にならないわけがない。冊子としてまとめられたものに収載される大学もあれば、収載されない大学もある。

例えば大学ならば「授業で使用される言葉が難しい」と言われても、あえて意識して難しい言葉を使っているわけではない。むしろ、学生のレベルに応じ、平易な言葉を使うよう努めているし、難しいかなと思うときは「この言葉は知っていますか」と尋ねるようにしている。それでも「言葉が難しい」と言われてしまうと、どっちの問題なのか釈然としない。

「とてもわかりやすい授業でした」「これぞ大学の授業の醍醐味」「いつも丁寧なペース配分でした」などの良い評価がある一方で、「話すスピードが速い」「もっと板書を多くしてほしい」といった注文もある。50人の学生がいれば、50人それぞれの語彙力、理解力などの差があるのは当然。となると、教員の授業評価って、評価される方は何をどう自分の今後の学びにすればいいのか迷うことが少なくない。

図書館員や図書館長を対象にした研修会でも参加者アンケートがとられることが一般的になってきた。早いところだと一週間後位には、その結果が送られてくる。

主催者の用意する調査表は、それぞれ設問の表現、回答の選択肢に差異があるので一概には言えないが、「とても良かった」「良かった」「良くなかった」といった三択だと、だいたい「とても良かった」が6〜7割、「良かった」が2〜3割、「良くなかった」が1〜2人というのが私の評価のようである。

どんな研修でも「良くなかった」は必ずいる。受講者の評価に一喜一憂するものではないが、その「良くなかった」の理由が知りたいのである。しかし、それがわからない場合が多い。良くなかった点は、内容なのか、喋り方なのか、それともパワーポイントを使わなかったことがいけなかったのか。理由が知りたいし、それを次の学びにしたいのである。それとも、私の講演内容ではなく、事務局が設定した時間が短かったのか、そもそもテーマに関心がなかったのか。私の努力の及ぶ範囲でない点が「良くなかった」の理由だったとすると、私にはどうしようもない。そうした理由が読み取れる設問や選択肢となっているものも若干あるが、そうなっていないものの方が多い。せめて、講師に受講者の感想をまとめて伝えていただくのであれば、講師の学び・反省になるものに絞って、送ってもらいたいのである。「会場はいかがでしたか」との評価は講師には関係のないものである。

先述したのは、講師が私一人だけの研修会の例である。これが4～5日の日程で、20ほどの科目と20人ほどの講師がプログラムに組まれた研修となると、それぞれの科目の評価が一覧になり、また、もっとも良かった講義を三つ選んで答えよといった設問もあり、いったいこの評価を講師はどう受け止めればいいのか迷うものがある。

この種のアンケート結果が送られてくるものの中には、私が何年も担当している研修会がある。私が担当する科目は極めてパフォーマンスしにくい地味な科目で、それでも例年、上位3分の1以内にあり、その「実績」があってか否かはわからないが、かろうじて毎年続けて同じ科目を担当させてもらってきた。順位こそ付されてはいないものの、一覧にまとめられれば、当然ながら、他の科目と講師と比較して見ることになる。これまでそんな経験はないが、もしも下位になった自分の結果を見た時、私ならしばらく自信を失いショックから立ち直れないかもしれない。

確かに、こういった受講者の評価のまとめは必要である。事務局にとっては次年度以降の講師選定の基礎資料にもなるだろう。でも、受け取る側の講師にとって、今度の講義や講演の内容を考える上での参考となるものでなければ意味がない。誰の講義が一番評価が高く、誰の講義が一番評価が低いなんてことは私には全く関心がない。アンケートに関しては、設問内容、結果の講師への伝え方など、まだまだ改善の余地があると思う。

## 図書館めぐりも５００館

40歳で図書館に異動してから始めた図書館めぐりがついに５００館を超えた。現職時代は休日や休暇を利用しての県内や近県の図書館巡りが主であったが、フリーランスになってからは、講演会や研修会の講師として呼ばれた先の図書館は当然ながら、その近辺の図書館を巡ることが多くなった。そのため、一気に全国の図書館を訪ねるようになり飛躍的に訪問館数が増えた。

フリーランスになって変わったことの一つ。それは現職時代に増して書店を巡ることが多くなったことである。茨城や長野にはない、訪ねた地方で多店舗展開している書店や、雑誌等で紹介されることのある有名な書店、さらに、中核都市なり大都市ならば、全国に店舗を持つ専門書も幅広く扱う老舗書店も対象となる。図書館を見て書店を見て、さらに文学館や美術館も見て歩くとなると、二度と訪れることのないまちの観光地を見ることなく帰ってくることもしばしばである。

この数年、新たな訪問先が加わった。自動車博物館である。博物館とは言っても自動車を専門にしているところは限られているので、行く先々にあるわけではないが、時間に余裕があれば最優先の訪問先になった。図書館は無理であるが、こちらなら全国制覇はできなくはない。

私は基本的に図書館にはアポなしで訪問する。図書館の概要のわかる資料も欲しいし、閉架書庫やバックヤードも見たいのだが、アポを取ると1館当たりの滞在時間がどうしても長くならざるを得ず、他館や書店を見る時間が減ることから、そこは我慢して数を稼ぐ。

こうして見聞したことを、大学の授業や執筆に活かすことができるので、その意味でもあちこちから講師に招かれることは2倍おいしい仕事となるのである。

天候や道路事情にもよるが、片道５００キロくらいまでならば愛車を飛ばす。往復路いつでもどこでも図書館に立ち寄れるのがクルマの利点。講演先のまちでも大都市でない限り、クルマは自由に移動できる。1泊2日の講演で5〜6館の図書館を見るなんてこともある。

斯界には500館をはるかに超える図書館を訪ね歩いている方がいるようである。それぞれ訪問の趣旨に違いはあるだろう。私は一言で言えば「図書館員の心づくし」の探索である。ちょっとした創意工夫に唸りたいのである。そしてその仕掛け人に会いたいのである。そして、「よかったら、私のラジオ番組に出ていただけませんか」とお決まりのアプローチをし、その日の「収穫」と相成る（時々撃沈もある）。

心づくしは、展示や棚の整理整頓、選書、記載台の鉛筆の芯の長さなど、ありとあらゆるところに見つけることができる。こんな楽しい旅はない。

こうして見てきた、撮ってきた心づくしを大学の授業で学生に伝える。リアクションペーパーに「感動しました」「図書館員って本当にカッコいい！」「私、司書になります」といった文字を見つけると、またまた教員としての「収穫」となるのである。

# フーテンの寅さんを演じた春 2017

2017年の4月から7月にかけて毎月、3泊から5泊の旅に出た。移動の足は愛車シトロエンDS3。可愛い子には旅をさせたく、この愛車に新緑の日本を見せたかった。運転するのはもっぱら私であるが、隣の助手席や後席を温めたのは図書館界の友人たち。これだけだと何の変哲もない普通の旅行に過ぎない。ところが違うのである。私の長年の夢であった「寅さんのような旅」が現実となったのである。

まずは寅さんのような旅の「寅さん」とはどういう意味か、から。

「寅さん」とは、ご存知、松竹の「男はつらいよ」シリーズの主役、フーテンの寅さんこと、車寅次郎である。既刊の拙著でも書いているが、私は大の寅さんファン。銀幕の仮想の世界の話とはわかっていても、寅さんのような生活ができたらなぁと憧れた男性諸氏は少なくないはず。

何が憧れの対象なのかと言えば、一つ目は「恋」。よくも性懲りもなく惚れるものだと笑いつつも、淡い恋の期間がいかに人生をバラ色に変えるかは誰しも経験のあること。年に2回も（途中から年に1回）、清楚で、知的で、健気な美女に片思い（時に両思いも）する人生なんて、どんなに幸せだろうか。

二つ目は「旅」。各駅停車でのんびり車窓に流れる景色を愛でたり、時には見知らぬ人のクルマに便乗したりと、寅さんの旅は決して急がない（時に例外もあるが）。テキヤにとって旅は仕事先への「出張」なのだが、観客はそれが仕事ではなく「旅」に見えてくるのは、急がないからなのではないか、と思う。急がなければ仕事も旅になるのである。これはスローライフの鉄則。

三つ目は「邂逅《かいこう》」。寅さんの旅にはいつしか同伴者が現れる。それは旧知の仕事仲間であったり、旅先で意気投合した人であったりと、常にだれかが傍にいる。恋に落ちるのも旅先が多い。

最後に、欠かせないのが「酒」。旅先の場末のスナックで、木賃宿の部屋で、ときには青空の下で、酒が饒舌にし、胸の奥にしまっておいた本音を引き出す。だからおもいっきり笑うのであり、泣くのである。その中心にいるのはいつも寅さん。酒席は一日の終着駅なのである。

この「恋」「旅」「邂逅」「酒」を寅さん風に楽しんだのが我流「寅さんの旅」だった。まずは4月、日本の山や堤防や校庭を北に向かって染めていく桜。この時期に合わせて東北各地を巡れないだろうかと考えた。単なる旅行ならば、思い立った時点で成立となるのだが、先の四つの楽しみが寅さんの旅の条件。「恋」の相手は図書館。「旅」の同伴者は図書館員。「邂逅」は講演会や研修会で顔を合わせた参加者の皆さん。そして、「酒」は講演会等を企画してくれた担当者とその仲間たちとの一夜の交流の必需品である。こんな贅沢なツアーが叶ってしまったのである。しかも、桜を愛でる春に、である。

旅の順路は、福島県南相馬市〜秋田県横手市〜秋田県八郎潟町〜宮城県多賀城市〜宮城県柴田町をめぐる旅。なんと、5日連続6講演という超売れっ子ばりのスケジュールが出来上がった。対象は図書館員向けであったり、一般であったりするので、話す内容は毎回同じではない。この会場が私にとっての「恋」の現場である。相手はまちの郊外で待っていたり、駅前で待っていたりと、笑顔で迎えてくれる。「寅ちゃ〜ん」または「寅さ〜ん」とマドンナが手を振る、あのシーンである。

そして、シトロエンの助手席や後席にて、私が睡魔に襲われないようずっと話しかけてくれるマドンナ役の図書館員がいる。図書館の未来を熱く語ったり、ときには仕事上の悩みを聞いたりと、車中の話題はもちろん「図書館」。惚れた腫れたの話は一切ない。ここが銀幕の寅さんと大きく違うところである。

旅の最初のお相手は、鹿嶋から南相馬へTさんとSさんの二人が乗車。2人は東京からやってきた図書館関係者である。Tさんとは翌日の朝に南相馬の原町駅で別れ、Sさんのみ引き続き南相馬から横手へと同乗。翌朝、横手でSさんと別れ、横手からは代わってIさん（横手市の図書館員）が同乗し、八郎潟での講演を経て翌日は多賀城へ。多賀城ではMさん（大崎市の図書館員）と合流し会場へと向かう。多賀城は桜の開花のピーク。まちじゅうがピンクに染められていた。昼の講演会が終わるとIさんは横手へと帰られ、その夜、Mさんは多賀城の講演会主催者との懇親会に同席。翌朝、さらに選手交代が続き、Sさん（宮城県の学校図書館司書）を乗せ柴田町へ。柴田町では町議会議員のSさんが間に入ってくれて、一般市民向けの講演会と図書館職員向けの研修会の2本立てとなった。その夜は図書館情報大学の同じゼミ生で、宮城県内の学校図書館に勤務する後輩のSさんが遠路駆けつけてくれた。翌日は早朝に若干ピークは過ぎたものの、名に負う柴田の桜を城址公園から一望することができた。秋田を

寅さん東北ツアーにて（多賀城市）

除けば桜づくしの旅だった。

どうしてこの旅が成立したかと言えば、八郎潟町立図書館から講演依頼があった日をフィックスし、その前後に、私が寄らせてもらうことは可能か、と私のラジオ番組出演者に打診。その結果、受入れ「可」となったまちを訪ねたものである。押し売り営業なので、講演会場内での拙著の販売でガソリン代程度は補填できるかと目論んだものの、そうは拙著が売れることはなかった（笑）。元より赤字覚悟のツアーである。それでも訪ねた先々で過分な気遣いをいただき、多くの出会いがあった至福の6日間であった。このツアーで初めて出会えた150人余の中から4人の図書館員に私のラジオ番組にゲスト出演いただいた。これも旅の収穫である。

続く5月から7月にかけての三度の寅さんの旅であるが、6月に4泊5日でめぐった塩尻～甲府の4日連続講演の旅は、当初予定していた神奈川のIさんと千葉のTさんの二人の図書館員が同乗できなくなり一人旅となったので、本稿からは外すこととする。

さて、5月は愛知県田原市図書館で職員向けと市民向けの2日連続講演の後、京都に向かう旅であった。田原市の図書館職員対象の講演には豊橋市の職員も数名参加され、続く懇親会にも顔を出してくれた。以前、講演で訪れたことのある田原市図書館であるが、前回も他市町村の図書館員が多数参加されており、この受入れ体制は本当に素晴らしい。

シトロエンには、田原に向う途中の神奈川県大磯町で、大磯町のＴさんと藤沢市のＭさんの二人の図書館員をピックアップ。２人は田原市図書館員の研修会と懇親会の両方に参加。翌日は田原市図書館のＡさんのクルマで市内２館の分館を案内していただき、午後は市民向けの講演会。こちらにもＴさんとＭさんの二人は参加され、翌朝、私は宇治に向かうため二人と別れたが、ここから選手交代。田原市図書館のＴさんが同乗し、車中はずっと熱い図書館談義となった。翌日に大学の授業を控え準備もしなければならないので、宇治に到着早々にお別れとなった。途中、伊賀から甲賀を経て宇治に向かう国道４２２号は、あまりの道の狭さと秘境のような周囲の環境に悲鳴をあげながら走った。ナビも自信を失っているようで、国道と田んぼ道（違いがない）をたびたび間違えるし、後にここが「酷道マニア憧憬の道（路）」と知り納得。「ベスト・オブ酷道」と呼ばれているそうだ。道路フェチの私でも、夜だったら怖くて走れないほどの酷道だった。

道が二股になると「こっちで大丈夫かな」と独りごちる私に、助手席のTさんも黙って乗っているわけにもいかず、右折か左折かの判断を共に考えなければならない想定外の秘境ツアーとさせてしまった。

「高速を使えばいいのに」と読者はいぶかしがるだろうが、寅さんの旅は急がないのが原則。できるだけ高速道路は使わず、景色を愛でながら国・県道を走ることにしているのである。寅さんと同じでスピードの速い乗り物が好きではないのである。

この日の夜は、講演で伺ったことのある宇治市立図書館のSさんはじめ、周辺の図書館員が宴席で迎えてくれて懇談することができた。酷道がその夜の話題になったのは言うまでもない。

そして7月。同志社大学大学院での授業の後、巡ったのは和歌山県那智勝浦町と静岡県沼津市。同志社大学の授業の翌日の早朝、東京からやってきた図書館員のNさんをJR宇治駅にてピックアップ。前日の暴風雨の影響もあって国・県道の道路事情が芳しくないことから、途中まで高速道路を飛ばして一路、那智勝浦へ。講演会場には遠路、神戸や和歌山市からもかけつけてくれた図書館員がいた。講演後はお決まりの宴会。講演会をプロデュースしてくれた町役場のTさんの声かけで旧知の方々も集まってくれてのマグロ尽くしの料理を堪能した。

翌日は旧知の那智勝浦町の図書館協議会委員をされているIさんのクルマで丸一日、南紀の名所めぐり。景色ももてなしも贅沢三昧。いつも、こうして優しく迎えてくれるのが那智勝浦の皆さん。夜は東京からはるばるマドンナ参戦してくれたNさんと二人で居酒屋のカウンターで飲み始めたところ。「内野さん、どこで飲んでいるの？」と、町役場のTさんから電話。連日の宴会では負担があろうかと思い、静かに二人で飲んでいたのだが、Tさんが旧知の市民Oさん夫妻などを連れて現れ、連夜の賑やかな宴会となった。このまちを訪ねるのは3回目。こうして図書館関係者ではなく、市民の方々と交流できるというのはなかなかないことである。これこそ夢に描いていた寅さんの旅そのものである。

日があらたまり、早朝に那智勝浦を出て鳥羽へ。伊勢湾フェリーで愛知県伊良湖岬へ1時間の船旅。好天に恵まれ、波は穏やか。イルカの姿もデッキから見ることができ、船旅の多い寅さんさながらの「絵」となっていることをひとりほくそ笑んだ。

豊川ＩＣから東名高速に乗り、向かうは静岡県の吉田町立図書館。ここには同乗のNさんと共通の友人のFさんがいることから、サプライズ訪問で驚かせようと画策。

しかし、残念ながら会えずに退散となった。でも、日本図書館協会主催の中堅ステップアップ研修1で私が担当した講義を受講されたMさんに久しぶりに会えたので、これはこれで大収穫。ここではゆっくりはしていられず、夜の講演が待っている沼津へとクルマを飛ばす。途中、三島駅でNさんを降ろし、ひとり沼津市内の講演会場へと向かった。

3回の寅さんの旅を整理するとこうなる。（コースは同乗者がいた区間）

4月　潮来市〜福島県南相馬市〜秋田県横手市〜秋田県八郎潟町〜宮城県多賀城市〜宮城県柴田町。5泊6日。講演会は5回。走行距離は約1300キロ。シトロエンの同乗者は延べ7人。講演会参加者は約150人。懇親会同席者は約50人。

5月　神奈川県大磯町〜愛知県田原市〜京都府宇治市。4泊5日。講演会は2回。走行距離は1300キロ。同乗者は延べ3人。講演会参加者は約60人。懇親会同席者は約40人。

7月　京都府宇治市〜和歌山県那智勝浦町〜静岡県沼津市。講演会は2回。4泊5日。走行距離は1600キロ。同乗者は1人。講演会参加者は約40人。懇親会同席者は約30人。

さて、春の東北に桜を追い、熊野那智大社からの絶景に見とれ、伊勢湾フェリーのデッキで物思いにふける。夜な夜な宴席で怪気炎を上げる（でもないか……）。いつも周囲には見守ってくれる人がいる。寅さんが啖呵《たんか》売ならば、私も口八丁の商売である。そして極めつけは、傍らにはいつもマドンナ（笑）がいた。かつて映画館に通い憧れた「男はつらいよ」の寅さんそのもの。

図書館界は女性職員が圧倒的に多い。となると、男性である私にとって、「図書館の友人＝マドンナ」となる確率が極めて高い。もっとも、シトロエンで助手席に座るマドンナは、私を男性として全く意識していない。これまた、私はフーテンの寅さんなのである。私の寅さんの旅は、マドンナを乗せては降ろす旅だった。そこで思い出したのが、たくさんの名言を残した「男はつらいよ」で最も印象に残っているこの台詞である。

「男が女を送るっていう場合はな、その女のうちの玄関まで送るっていうことよ」

１９９５年に公開された最終作（第48話）での、浅丘ルリ子さんが演じるリリーとのやりとり。まるで夫婦のように仲良く暮らしていた二人だったが、ちょっとしたことでいさかいを起こし、鹿児島県奄美大島の加計呂麻島の家をリリーが飛び出した。

そのリリーを寅さんは追いかけてゆく。「ねえ寅さん、どこまで送っていただけるんですか」とリリーが高飛車に言う。その言葉を受けて寅さんが言ったのが先の台詞である。後に、この作品が遺作となってしまった。寅さんを愛した、寅さんが愛したたくさんのマドンナ。そのなかでもリリーはとびっきりお似合いの女性だった。49作目で一緒になってほしかったのは、私だけではないと思う。

# 図書館長が書いた本

館種は公共図書館に限るが、現職またはリタイアされた図書館長経験者（以下、図書館長という）が著した本を十数年前からこつこつと集めている。著書の多くは、日本十進分類法の「総記」に該当する。館長だけに図書館経営全般に言及したものが多い。なかには、『図書館長になったそば屋さん』（筑波書林）のように、民間人として茨城県阿見町立図書館長に就いた寺田章さんについて、ジャーナリストが著したルポルタージュもあれば、『書くことは生きること　生きた証を刻むこと』（飛鳥出版室）のように、高知市民図書館長を務められた渡邊進さんの薫陶を受けた読書会の世話人が遺稿集として編んだものもある。

また、『たまゆらの海―火縄銃悲歌』（丸山学芸図書、のちにリブリオ出版）など数点の著書を著した徳永健生さんのように鹿児島県立図書館長を務められたとはいえ、もともとは県立高校の教諭。総記ではなく小説（９１３・６）を上梓されている方もいる。

どうして図書館長に限定したのかといえば、図書館員まで広げると際限なくなってしまうといった単純な理由からでしかない。

直営館の場合、市区町村の職員でも、かつては若年で管理職に就けた時代があったが、現在、直営館では早くても40代後半であろうと思われる（一部の新幹線組を除き）。平均すれば50代中ごろではないだろうか。ところが指定管理者となると、『29歳で図書館長になって』（青弓社）の著者である吉井潤さんのように、役所では係長にすらなれない年齢で、館長を務めることもあるようだ。

図書館長が著した本の多くは、図書館建設準備から開館にいたる「図書館づくり」の軌跡をたどるのが最もポピュラーな内容で、館長としての矜持や苦労話、地域との密なる関係を熱く綴ったものが多い。そして、何故か私のような外様館長が著しているものが多い。外様はドラマチックなストーリーとなるのであろうか。

さて、この図書館長が書いた本または図書館長について書かれた本はいったいどれくらい出版されているのだろうか。これを完全に把握するのが難しいのである。

一般に流通しているが、自費出版として出されていると思われるものがあること。非売品として関係者のみに頒布されたもの。ＩＳＢＮは付されているがＷｅｂ書店で扱われていないもの。現物の著者略歴には図書館長であった旨が記されているのに、そのデータが電子化されていないもの（検索ツールにも差異）など、五里霧中の世界なのである。

なお、鹿児島県立図書館奄美分館の館長を務めた島尾敏雄氏のような、後に作家として大成し、名前が冠された文学館がある方は本文の対象とはしない。

知人のいる図書館にも照会し、いろいろ調べてもらったが、実際に私が持っている本であっても、検索でヒットしないものも少なくない。「図書館長」であるというデータが書誌になければ検索してもヒットしないわけで、検索技術云々の話ではない。

調べてみて面白いことがわかった。某図書館からいただいた回答では、該当する作品が97件とあった。その中で、914・6（エッセイ）となっているのは拙著『だから図書館めぐりはやめられない』（ほおずき書籍）、『図書館はラビリンス』（樹村房）だけだったのである。ただし、この2点の拙著は国立国会図書館では、NDC（9版）で「010・49」（図書館、図書館学）と「総記」の扱いとなっている。

私の場合、エッセイを読む基準はテーマと言うより著者である。お気に入りの作家が書いたものだから読む、という理由である。一度も著作を読んだことのない作家のエッセイに手を出すことは、かなり魅力的なタイトルでない限り、まずない。お気に入りの著者がいて、その人となりに関心があり、どんな生き方をしてきたのか、その作風はどんな環境がつくったものなのか、が知りたくて読むのがエッセイ。作家論も同様である。

ということは、無名の図書館員がそもそもエッセイでデビューということ自体が前代未聞だったようだ。先述した私のエッセイを読む動機と通じるのか、斯界における拙著の図書館の受け入れの有無は極端に分かれている。

私の認識不足かもしれないが、これまで500館余の国内の図書館を訪ねてきたが、「図書館長が書いた本」というコーナーをつくっているところはない。図書館長が書いた本ならばかなり多くの図書館に所蔵されている、と読者は思われるかもしれないが、あにはからんや、地方の出版社から出されたものは、関係する自治体とその周辺だけで、他県では全く所蔵されていないものも少なくない。

一例として挙げると、先述した『書くことは生きること 生きた証を刻むこと』は、高知県内ですら県立図書館と高知市民図書館（分館・分室含む）しか所蔵されていない。他県に至っては言うまでもない。ちなみに分類はエッセイ（914・6）である。

鳥取県立図書館長を務められた髙多彬臣さんの単著『真理がわれらを自由にする』

（今井出版）も、鳥取県内の公共及び大学図書館の18館に所蔵されているものの、東京都内では都立図書館にしか所蔵されていない。こちらは国立国会図書館の書誌に依ると016（各種の図書館）となっている。2点とも素晴らしい著作であるので残念である。私は現職時代、他の図書館で塩尻市立図書館が未所蔵の塩尻に関する地域資料を見つけたら、新刊で入手できるのならば当然のこと、古書でしか入手できないものであれば、そうしたルートから資料を蔵書に加えていた。

分館までとは言うつもりはない。せめて中央館だけでも、図書館長や図書館員の書いた優れた本は、斯界の先達を顕彰する意味でも揃えてほしいというのが私の願いである（拙著は含意していない）。なぜならば、市民が書店でそれを見かけることはほぼできないのであるから。

## 図書館本以外で図書館を伝えるということ

私は一著者として、図書館を多くの人に知ってもらうには、総記として扱われる図書館本では一般読者にはなかなか思いが届かないと常々思っている。対象を図書館関係者に限定したものであれば構わないが、利用者にも伝えたいというのであれば（というか本来は利用者である市民に届かなければいけないものではないかと思う）、総記の扱いではかなり難しい。

図書館に異動する前の私自身がそうであったように、本好きが必ずしも図書館好きとは限らない。図書館で日常交わされる言葉は、例えば同僚である市役所の本庁の職員ですら必ずしも理解しているとは言えない。むしろ、図書館界の「常識」は本庁では通じないものも少なくない。そういう実態は日ごろから図書館以外の部署の職員と交流していないとわからない。

指定管理者や受託業者の図書館員の場合、図書館を所管する部署以外の役所の職員との交流は困難であると思うが、直営館の図書館員は積極的に同胞を公私にわたり図書館の世界に誘う必要があるのではないだろうか。

こんなコラムがあった。タイトルは「「クルマの図書館コレクション」を紹介します」。それは、こんな文章で始まる。

「家人が行きつけの図書館で、自動車の本が出ていたので一緒に借りてきてあげたと

視軸2017

「クルマの図書館コレクション」を紹介します

家人が行きつけの図書館で、自動車の本が出ていたので一緒に借りてきてあげたといって、持ってきたのがこの本である。

開いてみると、これはおもしろい。一気にとはいかなかったがほかの読み差しの本はそのままに、211頁を読み通して、ぜひ本紙の読者諸氏にもお勧めしたいと思い、紹介する。

私はこの年（79歳）になるまで、図書館には縁がなく、大学の図書館には行ったことがあるが、利用したとはとてもいえないできた。

図書館に行かなかったのは勉強したくなかった訳ではない、といいたいところだが、決して一生懸命に学んだとはいえまい。

著者は内野安彦氏、各地市役所、図書館長を歴任、現在は常磐大学、同志社大学などで非常勤講師を務める。著書は図書館を題材にした7冊がある。

「公共図書館は自治体の施設の中ではダントツの利用率を誇る。しかし、日頃利用しているのは市民のわずか2割程度しかない。図書館を知らない（使わない）8割の方に図書館の世界を少しでも知ってもらいたいという切なる願いが本書にとある」と、はじめに書いているが「好きなものは図書館まわりとクルマです」というように、「カールチュア（カー＋リテラチュア）世界への誘い」と副題をつけてもいるように、自動車そのものから、自動車関係のグッズ、自動車雑誌から自動車の広告まで、そして図書館の話と、まさに盛りだくさんである。

発行は株式会社郵研社で定価は本体1500円（税別）表紙にはクルマのイラストが9台並んでいる。

最初に紹介されるのが豊田市中央図書館、ここには場所柄、日本で唯一（多分）の自動車コーナーがあり、ここにはクルマの街、豊田市にちなみ、自動車資料コーナーを設けており、自動車会社の社史、自動車工学の専門書、世界中の自動車の紹介本、モータースポーツに関する本といった、自動車に関わるあらゆる分野の図書、雑誌が約5万8000冊、カタログも1万1000冊所蔵、なんと1895年創刊の世界最古の自動車雑誌「AUTOCAR」（英国・週刊）を全巻、120年分保管している。

もちろん、トヨタだけでなくホンダの熊本、スバルの太田にも触れ、日本自動車工業会の自動車図書館も紹介されている。

趣味の世界だけかと思ったら、新聞広告の分析まである。高校生くらいのレポートをまとめるなら、十分に使わせてもらえるだろう。

私が仕事で集めた資料ももちろんあった。表紙のカットに8台中シトロエンが3台というのはご愛嬌である。

（有山　勝利）

『週刊　Car&レジャー』（平成29年1月14日）に掲載された
拙著を扱ったコラム

いって、持ってきたのがこの本である。（中略）私はこの年（79歳）になるまで、図書館には縁がなく、大学の図書館には行ったことがあるが、利用したとはとてもいえないできた。（後略）」

載ったのは、平成29年1月14日の自動車専門紙『週刊 Car&レジャー』の「視軸2017」という有山勝利さんのコラム。

拙著が「クルマ」を扱った図書館本であったこと。いや、「クルマ」という文字が書名にあったからかもしれない。全く異業種の方の手にわたり、それほど関心がなかったと思われる図書館の世界を垣間見てくれて、業界の方々に拙著を勧めてくれたのである。書名に「クルマ」を冠しているものの、私なりに直球ではなく、変化球で「図書館」を書いたのが本書である。変化球でなければ届かない人たちがいるのである。

書評が載ったのも月刊誌『モデルアート』だった。極めてマニアックなモデラーの愛好誌である。ちなみに『モデルアート』は、1966年に創刊された主にプラモデルの作例、その作例に関する写真・資料等を紹介する雑誌である。公共図書館のコレクションとしてはあまり馴染みのないものかもしれない。

昭和のプロレス好きの私としては、こうした総記以外の著作を通して図書館の世界を周知する試みを「異種格闘技」と捉えている。『クルマの図書館コレクション』を読まれた読者は相当なクルマ好きである。図書館のことなら長年生業にしてきたこともあり、それなりに書くことはできるが、クルマや玩具といった異界のこととなるとそうはいかない。そちらの世界ではアマチュア扱いは当然である。でも、図書館の世界を伝えに来ましたと言えば門前払いはくわない。拙著を読まれたある読者から自宅の書庫に招待されたことがある。某クルマ関係誌の編集をされていた方だけあって、クルマ、バイク、鉄道、飛行機など乗り物系の膨大なコレクションに圧倒された。この資料が自由に閲覧できる図書館であったならば、毎週訪ねたいくらいの垂涎《すいぜん》のコレクションであった。

また、「放送事業」に分類された『ラジオと地域と図書館と』は、文化放送制作部の目に留まり、平日の朝の定期番組「タケ小山のニュースマスターズTOKYO」で私がパーソナリティを務めるコミュニティエフエムの番組が紹介されるきっかけをつくった。極めてマイナーと思える図書館をモチーフに4年半余（取材時）も番組が続いていることに驚かれていた。

この本は地域における図書館の役割や図書館の広報の一つの在り方をコミュニティエフエムを通して提起したものである。専門書的な書き方ではなく平易な文章とし、かつ熱い図書館員の姿を活写することで、一般読者に図書館に関心をもってもらうことも狙いとした。

こうした変化球によって、なかなか図書館に関心を持ってもらえない世界の人たちに、図書館の世界を覗いてもらうことができるのである。

図書館員は私の知りうる友人に限れば多種多芸。同じマウンドでキャッチボールするのではなく、違う世界にみんなが変化球を投げ続ければ、少しは閉塞感から脱出できると思うのだが。

## カッコいい図書館員

鹿嶋で飲むより東京で飲む方が多くなってきた。鹿嶋で飲む相手は小中学校を共に送った仲間。10人余のグループであるが、かれこれ40年も続いている。市役所の同僚だった者が数人いるが、図書館に詳しい友人はいない。でも、私が図書館人であることはみんな承知している。

塩尻の新しい図書館にも顔を出してくれた。普段、図書館を使っているような話は誰一人聞いたことがない。単身で鹿嶋を離れ、異郷で関わった私の仕事に関心があったようだ。

「やす（私のこと）が館内を歩くと、カウンターに座っていた図書館職員がすっくと立ち上がるし、館内ですれ違う職員はみんな俺たちに目礼するんだよなぁ、気持ちよかったなぁ」と、後日、感嘆めいた感想を聞いた。そうだったかどうか私には覚えがないが、確かにそうした姿勢が職員にあったことは確かである。要はゲストを感激させたのである。

現職の図書館員ならば、関心は書棚の配置や蔵書構成、照明や空調など多岐にわたる。もしかしたら、私の友人が気づいたことに図書館員は気づいていないかもしれない。

来館者に会釈のない図書館は少なくない。講師に迎えられ、担当者に館内を案内されるとき、行きかう図書館員に会釈や目礼をいただく図書館がある。私は有名人ではないので、県立図書館クラスの規模となれば、その日の講師とわかっての会釈や目礼ではないと思う。スタッフオンリーの館内を職員が案内しているということは「ゲスト」であり、当然のリアクションなのであろう。私が現職ならば同じことをするし、現職時代、部下にそういうことを励行するようにも言った。

会釈をされて、目礼されて、怒る人はいない。そういうことが図書館の大きな評価基準になる人もいるのである。

「あのときの「やす」はカッコよかったよな」と、今でも時折、昔を思い出して友だちは口にする。カッコ良かったのは私ではない。瞬時に状況を汲み取れる職員がカッコよかったのである。

## ドレスコードと言われても

大学の非常勤講師として児童サービス論などを講じている友人の女性から「ドレスコード」なる言葉を初めて聞いたのは3年ほど前のこと。世間に馴染んでいる言葉なのだろうが、私には無縁の言葉であった。

著名な文学賞関連のパーティや出版記念会など、世間では「それなりの格式」に該当するとされる催事であっても、「格式に応じた正装」なる衣装を持っていないので、専ら普段着の背広で通してきた。

ところが、私が講師を務める講演会であっても、ドレスコード云々言ってくるのである。そこはおしゃれと言うか常識と言うか、やはり「身だしなみ」を重んじる人ならではの心配りである。それは正装にこだわるのではない。一般対象の市民向け講演会で、テーマが図書館となれば、参加者の大半は中年から高齢の女性である。男性は多くても2割程度、こちらは私より年配者が圧倒的である。

彼女は直截的には言わないが、女性に受ける服装を「ドレスコード」とすべしと教えてくれているのだと思う。夏の真っ盛りの時期は、黄色いポロシャツに綿パン、足元はデッキシューズがいいかも、とのアドバイスをいただいたことがあった。デッキシューズを持っていなかったので、安物だったが早速購入。時期が時期だけに、庭の芝刈りが忙しく、当日は講師には似つかわしくない褐色の肌で彼女が待つ会場に現れたものだから、「知的に見えない」「日焼けし過ぎ」と注意されるに至った。黄色のポロシャツも好みの色と違っていたらしく、細かな指摘があった。

決して長身と言われる背丈ではないが、「ガタイがいい」「背筋が伸びて姿勢がいい」「強面」とは彼女が指摘する私の外見の特徴。そして、劇場型ではないが押しの強い喋り方がインパクトがあるのだ、と。この条件に見合うドレスコードを身だしなみとして意識すべし、というのが彼女の教えなのである。

もう一人、コーディネーターがいる。同居している娘である。私の強面は娘も認めているところで、父の日には必ず「衣装」がプレゼントされる。その大半は「えっ……」と驚く柄や色のシャツ。ところがこれが講演会参加者から抜群に評判がいいのである。ショッキングイエローの半袖のボタンダウンは、私が懸念していた反応とは真逆で「派手ですね」と言われたことはない。おしなべて、老若問わず女性には好評である。もっとも、男性は私に限らずドレスコードを気にする人は多くないので、おそらく「派手だなぁ」程度には感じているのではあるまいか。

私の講演を聞いた大学図書館職員が、この黄色のシャツにネッカチーフを巻いた姿で会場に現れた姿を印象的だったと書いていた。くれぐれも誤解しないでほしい。私は断じておしゃれではない。センスもなければ関心も（あまり）ない。ただ、「身だしなみ」という点では意識しなければならないかな、と多少は気にする程度である。

しかし、男性はもとより女性に至っても、その公職にあって、その服装はないだろう、と感じることがときおりある。やはり見てくれはおざなりにはできないのである。

広瀬容子さんは『マミ流スタイリング』（ラピッヅワイド）で、外見にこだわらない図書館員に言及。図書館員がもっと外見を気にすることで、図書館の魅力を発信できるのではと指摘する。卑近な例に過ぎないがアメリカ合衆国のアリゾナ州の図書館で出会った数十人の女性図書館員は総じておしゃれを楽しんでいたように見えた。ただし、男性は逆に日本以上に外見を気にした様子はなかった。

図書館を訪ね、一瞬で気分が落ち込むことがときおりある。それはカウンターにいる男性職員が自治体から貸与された作業着（屋外での汚れ作業用に着用するもの）を着ている姿を目にしたときである。何らかの作業の途中にたまたまカウンターに座って（立って）いたのかもしれないが、それでも、この姿は私としてはいただけない。どんなすばらしい図書館でも、このドレスコードだけは勘弁してほしい。作業室や事務室なら仕方ないが、少なくとも図書館のカウンターには相応しくない。利用者にはそういう見方をする人が少なくないことを承知していてほしいと思う。服装は図書館でも大事である。

## 一人でも多くの人との邂逅を記録に

「一年生になったら」（まど・みちお作詞／山本直純作曲）という楽曲はご存知かと思う。歌詞にある「ともだち100人できるかな」のフレーズが印象に残る名曲である。

私は幼少時から友だちは少ない方ではないが、かといって100人も友だちがいたらいいなとも思ったことはない。なにより群れるのが大嫌い。本当に気の合った友だち、いわゆる親友が5人もいればいい、と思っていた。

ところが、フリーランスになり、モノを書いたり、あちこちで喋ったりしているうちに、あれよあれよという間に「友だち」が増えてきた。本来なら、知人と称すべきであろうが、フェイスブックで友だち申請してくる人の3分の2は一度も会ったことがない。拙著の読者なのか、講演会の受講者なのか、友だちの友だちは皆友だち的な乗りなのか、フェイスブックで繋がっていれば、とりあえず「友だち」という方が、「知人」よりは違和感がないようである。

繋がっているとはいえ、日ごろの些末なタイムラインの投稿にも友だちらしく付き合ってくれるのはせいぜい50人ほどである。こんな幸せなことはめったにないといった出来事にならなら喜んでくれるかと言えば、それでもせいぜい100人余。何を投稿してもうんともすんともリアクションがないのが4分の3も占める。せめて嬉しいことぐらい一緒に喜んでよ、と言いたいところだが、私と友だちであることに何か得るものがあるのであろうか。

図書館現場に14年も勤務した割に私は斯界に友だちがあまりいない。鹿嶋市時代、公務出張で連泊を要するような研修に参加したくても、負担金なり旅費を予算計上することは極めて困難であった。

全国の受講生と親交を深める機会となるであろう文部科学省の新任図書館長研修や図書館司書専門講座、日本図書館協会の中堅職員ステップアップ研修、ビジネス支援図書館推進協議会のビジネス・ライブラリアン講習会など、いずれも受講の経験はない。にもかかわらず、こうした場で講師を務めている自分が不思議でもある。同種の研修として唯一受講経験があるのはデジタル・ライブラリアン講習会だけであるが、修了後の同期生との交流は全くない（同期会的な組織はないと思う）。

先述したように、そもそも群れるのが嫌いなこともあり、こうした結果になっていると思うが、人付き合いが悪いわけではない。人一倍、人好きである。というか、好き嫌いが激しいといった方が正しいかもしれない（笑）。

ところが、フリーランスになったらどうだろう。なんだかわからないが、訪ねた先々で歓待され、どこそこに出かけると告知すれば、旅の同行者が名乗りを上げてくるようになった。いつも群れの中にいるのである。山形市で講演をすれば、東京から図書館員が宴会から参加しますとやってくるし、青森市での講演には、羽田空港と青森駅での合流と二手に分かれて埼玉から図書館員がやってきた。

現職時代は「一人が好きでね」と斜に構えていたのが、フリーランスになって以降、誰かと一緒の写真ばかり。昔を知る友人には「いつも人に囲まれて楽しい写真ばかり」と、豹変した私に驚いている。

この図書館界というところは、本当に人好きが多いのである。「好き」がつくのはほかにもある。本好き、酒好き（当然、下戸は除く）、手紙好き、贈り物好き、切手好きってところはほぼ図書館員や図書館人に共通している。もっとも、図書館見学好きは言うまでもない。嬉しいことに私の大好きなクルマ好きも相当いる。マニュアル・トランスミッションへのこだわり派も相当いる。

こうした私好みの嗜好の同志がいっぱいいる。しかも、人に紹介したくなる素敵な人ばかりなのである。こうなると、元気や勇気をいただいたお返しをしなければならない。私なりのお返しとは、私が書いたり、編集したりする本に協力または登場願うことである。

図書館界には素晴らしい文章の書き手がいっぱいいる。しかし、自費出版や共同出版は別にして、単著を残すことは簡単ではない。また、他者の筆で本に紹介されるとなるとますます機会は少なくなる。

図書館を通じて親交を得た図書館員や図書館を愛する人たちと、ある時代を過ごすことができたのだという軌跡を残すこと。これが私のできる仕事の一つであると思うのである。

『図書館長論の試み』８人、『塩尻の新図書館を創った人たち』16人、『ちょっとマニアックな図書館コレクション談義』４人、『図書館はまちのたからもの』３人、『ラジオと地域と図書館と』15人、『図書館からのメッセージ@Dr.ルイスの〝本〟のひととき』53人、『ちょっとマニアックな図書館コレクション談義　ふたたび』５人と、一緒の思い出をつくることができた。

本のカバーと言えば、既刊の拙著でも触れているが、『だから図書館めぐりはやめられない』（ほおずき書籍）と、『図書館はラビリンス』（樹村房）のカバーイラストは塩尻図書館時代の部下の作品である。

『ラジオと地域と図書館と』（ほおずき書籍）のカバーイラストは、私のラジオ番組の支援組織のような「かじゃ委員会」のメンバーの1人、大学図書館員の作品である。

『塩尻の図書館を創った人たち』（ほおずき書籍）のカバーイラストも、塩尻時代の市民との交流がきっかけとなった諏訪市在住の方の作品である。

そして、昨年出した『図書館からのメッセージ@Dr.ルイスの〝本〟のひととき』のカバーイラストは、友人である図書館員から以前描いてもらった作品を「背表紙に」と出版社にお願いしたところ、出版社の意向で表紙に使われることになったものである。

この似顔絵を描いてくれた図書館員のMさんは、私の講演会にもたびたび顔を出してくれて、拙著の私のサインの横に似顔絵を描いてくれるなど、私の苦手な販促の強力な援軍としてサポートしてくれてもいる。

こういう繋がりも、図書館員（人）の作品にはあってもいいのではないか、との私のこだわりである。

友人・知人が描いたイラストがカバーを飾った拙著

こうして関わった図書館員は100人を数える。なんと友だちがこんなにいるのである。いや、これで終わりではない。書いてもらいたい人、紹介したい人はまだまだたくさんいる。特に能力のある、やる気のある非正規職員の背中はこれからも押し続けたい。大学院時代の恩師から言われた「鹿嶋のためだけではなく、全国の図書館のために働きなさい」。この言葉を金科玉条として図書館に寄り添うこと。私なりの答えの一つである。

## これ以上、本屋が街からなくならないように

「書店ゼロの街　2割超」との見出しで、日本の書店と自治体の窮状がレポートされたのが2017年8月24日の朝日新聞朝刊だった。もっとも、この現状は概ね知っていたので驚きはしなかったが、見出しに違和感を覚えたのと、本文にも同様のことが言えた。

本文のリードはこうある。

「トーハン（東京）の7月現在のまとめによると、ゼロ自治体が多いのは北海道（58）、

長野（41）、福島（28）、沖縄（20）、奈良（19）、熊本（18）の順。ほとんどは町村だが、北海道赤平市、茨城県つくばみらい市、徳島県三好市、熊本県合志市など7市や、堺市美原区、広島市の東・安芸両区の3行政区もゼロだ。」

まず、ゼロ自治体数の順位であるが、これだと北海道が群を抜いて多いとの印象が免れない。この場合は、都道府県内の県内自治体数を分母にして、ゼロ自治体を分子にすべきである。そうすると、1位は長野県（53・0％）、2位は沖縄県（48・8％）、3位は奈良県（48・7％）となり、32・4％の北海道は順位が下がる。もっとも、この順位すら、実態を正確に表す数値と言えるかどうか。都道府県別の1自治体当たりの行政面積の平均値なども勘案しないと、市民の「書店が身近にない」という感覚を表した数値とはならない。

平成の大合併で地方自治体の数は激減した。例えば、1市1町3村が一つの市になったとする。合併前は1市と1町にしか書店がなかったとする。合併前の1市1町3村を対象にゼロ自治体を計算すると60％となる。しかし、合併後の1市だと二つの書店のある市となるからゼロ自治体とはならない。もともと書店のない3村は「書店がなくて不便」と訴えていても、合併後は書店のある市に無理やりカウントされてしまうのである。

状況は何ら変わらないのに、である。

1995年に施行された改正・合併特例法により、3200余あった市町村は、2005〜2006年の合併のピークを経て、2007年には1800余になる。ということは、先述したような、何も変わっていないのに、統計上は変わったような結果となる現象が、全国で起きているのである。

先の見出しは、書店ゼロの街が2割超もある、という驚愕の事実のように読者の目を引くが、本当はもっと多いというのが実態なのである。

また、本という商品は文房具や家電や食品などと違い、一つの商品が1000や2000程度しか作られないものが多い点で極めて特殊である。

先に挙げたものは、高級万年筆や高級食材は別として、日本全国で同じ商品を手にすることができる。しかし、本は違う。初版1000部の本は、全国に1万4000弱ある書店の店頭に並ぶことは物理的にあり得ない。大手出版社の文芸書ですら初版は5000部程度と言われるのであるから、専門書を扱う大型書店がなければ、相当な数の出版物に「書店がある街」でも出会えないのである。極端なことを言えば、本作が店頭に並ぶのは数えるほどの書店しかないのである。

こういったことを、私はフリーランスになってから、全国の講演先や大学の授業で話をするのであるが、どうも図書館員には危機感が感じられないのである。なかには、どうして図書館員がそういうことまで気にしなければいけないのかとマジに質問してきた例もある。私が口にする「出版文化」という言葉が理解できないのである。

出版社、書店、図書館員、そしてここに地方自治体の議会議員にも加わってもらって、地域の出版文化をどうやって支えていくか、換言すれば、読者にいかに本を届けるかを定期的に考えていく勉強会の必要性を痛感している。

40歳で図書館に出会い、こうして図書館に寄り添って生きてきた私にとって、責務の一つであろうと思うのである。

## 図書館員よ、もっと地方議会に目を向けよう

塩尻時代、塩尻のロータリークラブの例会に招かれ、市内の医師、税理士、会社経営者等に毎年1回、塩尻の図書館活動を報告していたが、市議会議員を前に図書館サービ

スのことを話す機会はなかった。図書館長が年に1回、議員を対象に講演をするなんてこと自体、そもそもありえないことなのかもしれないが、逆に、議員は図書館のことを知っているかと問えば、そうではない。語弊があるかもしれないが、図書館に関心のある議員は決して多くはない。ならば関心をもってもらう機会を図書館から働きかけることはできないことなのであろうか。現職を離れ、このことは私にとって大きな課題の一つなのである。

全国にて一般市民を対象にした講演会の講師を務めるようになり気づかされたのは、都道府県や市区町村の地方議会の議員の図書館への関心の高さである。

必ずと言っていいほど、行く先々で初めて名刺交換する方の中に議員がいる。主催者が特に参加を呼び掛けたのかどうかは知らないが、なかには「目から鱗だった」と興奮したように挨拶に来られる議員もいる。

議員のなかには、もともと読書推進活動に関わっていた読み聞かせのできる議員もいれば、何と『図書館界』を手にして挨拶に来られた議員もいた。でも、そういった議員以外は、私の話す図書館サービスの世界が、本当に「知らなかった世界」のような感想を述べられるのである。

いわゆる公共図書館におけるサービスの一つである「貸し出し」というものを、議員はどう思っているか。図書館がサービス目標の達成度の指標値に使いたがる「市民一人当たりの貸出冊数」なるものが、日ごろ図書館を使わない人たちにどれほど響く統計なのか、私はずっと疑問を抱いてきた。大学の授業で学生に聞いても、この数字が何を訴求し何を評価するものなのかわからないと言う。

しかし、いま、地方において切実な問題なのが、まちから書店が消えていっていることなのです、と言えば議員も学生も身を乗り出してくる。そして、そこには図書館の資料費の問題が大きく関わっていると解説すれば、それは喫緊の課題として大きな関心事となるのである。こういう流れをしっかりと議員に伝えることをせずに、資料費が足りない、と訴えたところで、どこの部署でも叫んでいることと同じことである。効果は期待できない。

要は議員の中には図書館を学ぶ機会がない、もしくはどうやって学べばいいのかがわからないといった方が少なくないのである。

議員で日常の視界の中に図書館が映っている人は少ない。道路、商店街、福祉、観光、都市計画、まちの主産業などは、まちに一歩出れば、その現状は黙っていても視界に入る。登下校時の児童・生徒の姿を見れば、学校教育に思いを馳せるであろう。シャッター街となった旧商店街を見れば心が痛むだろう。しかし、図書館サービスは街を歩いていて見えるものではない。偶然、移動図書館車に遭遇し、そこに集う市民の姿を見かけない限り、その市民サービスを感得することが難しいことは言うまでもない。

拙著を読まれたことがきっかけで、フェイスブックの友だち申請をしてきた議員はたくさんいる。その議員の招きで、議員有志や図書館関係者を対象に講演したことも数回ある。

子どもの読書活動推進法も文字・活字文化振興法も、遡れば学校図書館法も議員立法である。国会議員がこうして制度づくりに尽力されながら、地方の議員は読書推進や出版文化にいかに関わっているか、議員の問題ではなく、これは自治体の図書館政策の脆弱さを露呈する問題である。

塩尻の議会では、たまたま私が外様館長であったこと、さらに新館の建設という話題が重なり、常任委員会ではたびたび答弁する機会をいただいた。定例議会でも他市町村に比べ、図書館を所管する部長答弁は多かったと思う。

しかし、常任委員会や議会の答弁程度で図書館サービスは理解できるものではない。

せめて有志の議員と図書館員の定期的な学習会が必要であるし、また、教育委員にも同様のことが言える。

現職の図書館員に検討してほしいというのは難しいだろう。ならば、退職した元図書館員が議員と何らかの学習機会をつくっていくことが必要ではないか、と常々感じている。

図書館員から図書館人になって痛感したことの一つである。

## 図書館員と図書館人

図書館人となってしみじみ思うのは、もう選書はできないということである。ちなみに、本文で言う図書館人とは、元図書館勤務者で、かつ現職時代と変わらず図書館を利用し、図書館を応援している人と思ってほしい。

現役の図書館員だったころ、近隣の図書館の棚と近隣の新刊書店の棚を見て歩くのは習慣のようなものだった。近隣市町村の図書館の蔵書構成はすなわち自館のそれと密接に関係してくる。私の場合は差別化の材料の一つだった。同じ本を揃えるのではなく、より多種多様な蔵書構成を塩尻のブランドとしよう、と。

図書館と同じく、新刊書店の棚の傾向を覚えるのも図書館員が選書をする際に大切なことである。しかし、悲しいことに地方都市の新刊書店の棚はそう大差がない。あるものはどこの書店にもあり、ないものはどこの書店にもない。国内であれほどたくさんの本が出版され、全てとまではいかないまでも、専門書を扱う大都市の大型書店の店頭にはそれなりに並んでいるのに、地方の中核都市にすら届かないのだと嘆息する。

「買う読者がいないからだ」と言う人がいるが、そうだろうか。私はそうは思わない。卑近な例であるが、私の求める本は茨城県内の書店にはない、といっても過言ではない。好きで地元の書店以外やネット書店で買っているのではない。特定の作家の熱烈なファンならば、中身を見ずにネット書店で買ったり、書店に注文したりするのだろうが、多くの読者にとって、本は中身を見てから買う「商品」である。だから、目の前に届いていないといけないのである。本は文化であるとのことから再販価格維持制度が公正取引委員会に許容されていることを考えれば、なんとかして誰かが地方にも都会と同じ「文化」を届けてほしいのである。その「誰か」を「図書館」が担おう、そんな思いで塩尻の蔵書構成を着任時早々から考え、それを実践に移した。ベストセラーの複本購入の抑制、八つの分館が互いに同じ雑誌を何誌も購入していたことの是正。「借りられるから」が選書の大きなポイントであることを否定するつもりはないが、多種多様な出版物を市民（利用者）に届けることの意義を本館・分館のスタッフに何度も説いた。

勤務館が比較的大きな図書館だと、そこに勤務する職員は、自館の蔵書の利用で満足しがちで、勤務する自治体以外の図書館まで行って資料を借りることは少ないように見受けられる。市内の図書館のコレクション構成には精通しても、近隣市町村のコレクションに関心を持たないと、近隣市が「金太郎飴」と揶揄される同じようなコレクションになってしまうことが危惧される。

私自身もそうだった。鹿嶋市立図書館に勤務していた頃は、図書館で借りる資料の90％が自館のものだった。塩尻市立図書館では100％だった。どうしてか、便利だからである。借りるのも返すのも勤務のついでにでき、しかもそれなりの資料は十分に自館で足りた。

しかし、図書館を辞めてからはどうだろう。今、私は市内外の四つの公共図書館と、大学図書館を一つ、日常的に利用している。距離的には鹿嶋市の図書館が最も使い勝手がいいのであるが、「ないものはない」ので、近隣の「あるところ」の四つの図書館を使い分けているのである。仕事柄、調べる内容によっては、都内の専門図書館にまで足を伸ばすことも少なくないが、しみじみ感じるのは、公共図書館の金太郎飴状態である。これは本当にいただけない。インターネットで蔵書検索は容易だが、やはり、実際に図書館に行って使ってみなければ蔵書の現状はわかりにくいと思う。実は図書館員が知らないのに、複数の図書館を用途に応じ使いわける利用者にはわかっているということである。家電量販店の店員が、競合する他社の店舗の取扱商品や価格に敏感なように、図書館員にもその感覚が必要ではないだろうか。何が借りられているかではない。なにが届いていないのかに関心を持つべきである。選書という市民の共有財産を選別する権利を有するのが図書館員である。全市民を分母にしたらほんの一握りの人に認められた特権である。

半径60キロ内の図書館を使い分けている者として、現職の図書館員には他市町村の図書館の蔵書への関心を持ってもらいたい、というのが切なる願いである。

図書館人から図書館員へのメッセージとして。

## 韓・日出版文化フォーラムへと繋がった糸

「信州しおじり 本の寺子屋」研究会の『「本の寺子屋」が地方を創る　塩尻市立図書館の挑戦』（東洋出版）が韓国の出版文化の研究者の目に留まり、２０１７年6月25日、韓国の「汎友出版文化財団」と塩尻市立図書館による「韓・日出版文化フォーラム」が塩尻市の市民交流センターで行われた。

訪問団の目的は6年目を迎えた塩尻市立図書館の「本の寺子屋」の活動を知ることが一つ。そこで、この事業の生みの親である長田洋一さん（元河出書房新社の『文藝』編集長）と私の二人の対談をお願いしたい」と数か月前に依頼があった。

塩尻市立図書館からの依頼は、私自身考えるところがあり、非常勤特別職の委嘱や講演など、これまで全て辞退してきた。そういった経過から今回の依頼も一度は辞退したのだが、私一人の講演ではないので、悩んだ挙句、引き受けることとした。

塩尻市を離れて5年3か月、図書館の入る市民交流センター「えんぱーく」に立つことになった。

今回の事業は、まず、韓国出版学会の李文學会長の基調報告、次に、塩尻市立図書館の中野館長の当該事業の成果と課題等の紹介、そして、長田さんと私の対談となった。

場内は一般市民と韓国からの訪問団員が席を埋め、通訳を介して、互いの発言が外国語に訳され届けられた。

訪問団は、財団理事の李斗暎さんを団長に、同財団役員、作家、大学教員、出版社など多士済々。私の通訳として登壇してくれた大学教員から「この場にいることができて光栄です」と言われた時は、天にも昇る気持ちだった。

本の寺子屋は、他の拙著でも書いているが、今井書店（米子市）の永井伸和さんが取り組んだ『本の学校』大山緑陰シンポジウムが底流にある。この取組みを長田さんと私の双方で知っていたことが塩尻の本の寺子屋を生んだと言っても過言ではない。

「信州しおじり 本の寺子屋」研究会が著した『「本の寺子屋」が地方を創る 塩尻市立図書館の挑戦』（東洋出版）で、このシンポジウムの記録集を巡るやりとりがこう活写されている。

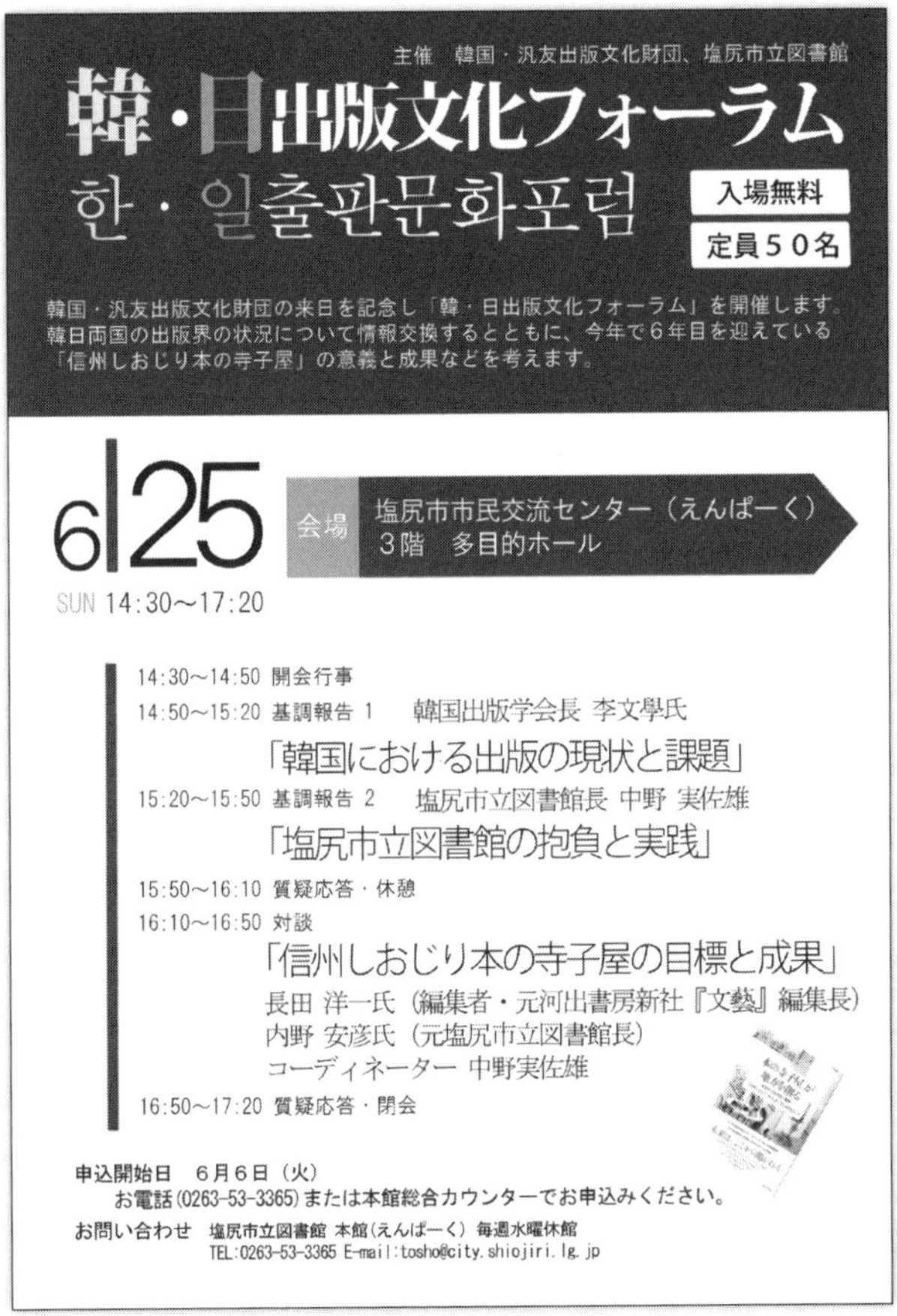

主催　韓国・汎友出版文化財団、塩尻市立図書館

韓・日出版文化フォーラム

한・일출판문화포럼

入場無料

定員５０名

韓国・汎友出版文化財団の来日を記念し「韓・日出版文化フォーラム」を開催します。
韓日両国の出版界の状況について情報交換するとともに、今年で６年目を迎えている
「信州しおじり本の寺子屋」の意義と成果などを考えます。

6|25 SUN 14:30〜17:20

会場　塩尻市市民交流センター（えんぱーく）
３階　多目的ホール

14:30〜14:50 開会行事

14:50〜15:20 基調報告 1　韓国出版学会長 李文學氏

「韓国における出版の現状と課題」

15:20〜15:50 基調報告 2　塩尻市立図書館長 中野 実佐雄

「塩尻市立図書館の抱負と実践」

15:50〜16:10 質疑応答・休憩

16:10〜16:50 対談

「信州しおじり本の寺子屋の目標と成果」

長田 洋一氏（編集者・元河出書房新社『文藝』編集長）

内野 安彦氏（元塩尻市立図書館長）

コーディネーター 中野実佐雄

16:50〜17:20 質疑応答・閉会

申込開始日　６月６日（火）

お電話(0263-53-3365)または本館総合カウンターでお申込みください。

お問い合わせ　塩尻市立図書館 本館(えんぱーく) 毎週水曜休館

TEL:0263-53-3365 E-mail:tosho@city.shiojiri.lg.jp

内野さんが大学院で研究していた際に知った鳥取県米子市の今井書店が展開した「本の学校」は、実は長田さんの抱く「本の寺子屋」構想に大きな影響を与えた試みでもあった。

その「本の学校」が主宰したシンポジウムの成果をまとめた『大山緑陰シンポジウム記録集』の話を内野さんが始めたとき、長田さんは、「ああ、あの白い表紙の本ですね」と応じた。内野さんは思わず、「そう、白い表紙の本です」と答えた。

対談当日、私は肝心のこの白い本を持参するのを忘れてしまった。でも、この白い本の存在に触れずに誕生秘話は語れない。話がそこに及んだ瞬間、場内にいた永井さんがすかさず、私のもとにその白い本を差し出してくれたのである。なんとも奇跡を呼ぶ本である。

この白い本が三人を結び、その糸は海を越えて李斗暎さんを結んだのである。出版文化を守りたいという思いが四人を塩尻に呼び寄せたのである。

その夜、訪問団と塩尻市の執行部との宴席が市内のホテルにて催された。

宴席で二人の方に思い出に残る言葉をいただいた。一人は団長の李斗暎さん。拙著の読者でもあったようで、私が礼状を書くときは必ず直筆でしたためるという習慣を読み感動した、と開宴の挨拶で述べてくれたのである。

もう一人は永井伸和さん。壇上での挨拶に「大山緑陰シンポジウムの白い本を、隅から隅まで読んだ人は世界で二人しかいない。それは李斗暎さんと内野さんである」と。何とも恐縮至極の二人からの言葉であった。

図書館情報大学の図書館で出会った「白い本」が、18年の時を経て韓国の出版社や研究者に私を繋いでくれた。そして、えんぱーくに再び連れてきてくれたのである。

## 図書館人の性癖

いまでも夢の中ではたびたび現役の図書館員をやっている。夢の中では必ず難しいレファレンスを受けて四苦八苦している。こんな難しいレファレンスってあるのかな、とふと我に返り夢から覚める。いまだに図書館員の日常が夢によく出てくるのである。

夢でもそうだが、現実も図書館員時代の癖は抜けない。こんな本があれば苦労しなかったのにといった本に出会うと、よほど高価なものでなければ拙宅の書斎に並ぶことになる。私が買ったところで、図書館現場のレファレンスに使えないのだが、悩んでいる図書館員のことを思うと、必要な時に教えてあげたいという親心が働いてしまうのである。もっとも、私の興味ある分野に限ってのこと。そんなに大層なことではない。

地域資料についても同様に気になって仕方がない。塩尻や鹿嶋はもちろんのこと、友人の勤務するまちの地域資料としてこれは絶対必要と思われる伝承芸能や産業、あるいは地域の偉人（偉人とまでは言わなくても、そのまちに縁のある著名人）の特集や記述（それなりの分量のあるもの）を見つけたりすると、つい、インターネットの蔵書検索で所蔵の有無を調べてしまう。実にいやらしい性格なのである。

「この本持っていないとおかしいよ」なんておせっかいはやかない。ただ、何かの機会にそっと教えるようにはしている。これまた親心である。

こうした行動の発端となったのは、自動車産業または自動車と縁の深い自治体において、クルマ関連の資料がどのくらい図書館に所蔵されているか調べる必要からであった。群馬県太田市にはスバル及びその系列企業の工場が数多くある。東京都日野市には日野自動車の本社が置かれている。まさに地域資料として扱ってもおかしくないと思えるのが「クルマ」である。豊田市の図書館はトヨタ自動車のクルマに限らず、「クルマ」を地域資料として収集し、そのコレクションは私が訪ねた国内の５００館ほどの図書館の中では群を抜いている。間違いなく日本一だろうと思う。

単に「クルマ」と言っても、工業製品、趣味、自動車文化、モータースポーツなど、いろいろと広がっていく。また、働くクルマと一般のクルマという違いも「土地の事情」と絡んでくる。日野市は単なる「クルマ」ではなく「トラック」や「バス」といった観点で資料収集に繋げている。

くまなく見たわけではないが、インターネットの蔵書検索で調べた限りでは、地場産業をしっかり地域資料として収集していない図書館がときおりある。そもそも私が地域資料と捉えているものを、そのまちでは地域資料の対象としていないということであって見解の相違は致し方ないこと。しかし、当該資料が県外はもちろんのこと県内ですらあまり収集されていない現状を知ると、複雑な気持ちになるのである。これも親心である。

また、地元出身や縁のある「人」についても、そもそも積極的な収集対象としていないのかどうかはわからないが、その町や地域でしっかり収集しておいてほしいと思うものは多い。

こんなことがあった。私が講師を務めた図書館員を対象にした研修会で、地域資料となるべき資料がなかなか所蔵されていない現状を話した際、驚いたのは、私が例に挙げた地域に深い縁のある人物そのものを、肝心の図書館員が知らなかったのである。参加された図書館員の顔ぶれや年齢から、関心を持たれる世界の人物ではないような気がしたが、案の定そのとおりの結果だった。私が個人的に推している人ではない。全国区の著名人である。こういった現状は全国に広がっているような気がしてならない。

何を地域資料とするかによっても違うが、それ以前に地域資料に該当すべき候補をしっかり図書館員は共通認識しているのだろうか。挙げればいくらでも候補はある。その前に、どれだけ地域の今昔に通暁しているかである。キーワードを理解していなければ、何を読んでも見てもスルーしてしまうことになる。親心というか、おせっかいかもしれないが、図書館人として心配なのである。

# 言葉から振り返る一年

フェイスブックを始めたのは２０１３年。以後、ありがたさを痛感するときもあれば、始めてさえいなければこんなストレスはなかったのに、と何度も止めようと考えた。ＳＮＳ全体、特にフェイスブックの利用が精神的、身体的状況を著しく悪化させ、人生の満足感を低下させる、といった学説も頷けなくもない。ただし、備忘録としては優れたツールである。

ある方が一年間に投稿した頻出ワードの分析結果をタイムラインにアップしたのを見て、こんな便利なツールがあるのだと早速飛びついた。

フェイスブックの診断系アプリの危険性を指摘する声もあるので、別に誰彼に推奨するものではない。

２０１５年はこんな結果となった（12月8日集計）。なお、投稿は日記替わりでもあるので、「今日」、「昨日」、「いる」、「いない」、「これ」、「あれ」などの単語は対象外とした。記載した順位は、集計結果として表示された文字の大きさから判断した。同位は順不同。中途半端な4位で終えていることに他意はない。単に5位以下の単語があまりに多いのと、統計として語るべき語彙がなかっただけである。２０１６年以降も同様な処理とする。

《２０１５年》

1位　塩尻

2位　図書館員、クルマ

3位　鹿嶋、市民、講演、授業

4位　収録、ラジオ

《２０１６年》

1位　図書館

2位　笑顔

3位　仕事

4位　鹿嶋、拙著、講演、ラジオ、時代

5位　クルマ、ゲスト、塩尻

２０１６年は去年1位だった「塩尻」が遥か彼方に行ってしまった。投稿当日のタイムラインには「意識して使っているわけではありませんが「笑顔」が二番目とは意外。自分が住むまち「鹿嶋」が上位にあるのは嬉しい結果。来年は恐らく「クルマ」か「シトロエン」のような（笑）。」と感想と予測。（12月24日集計）

《２０１７年》

1位　ゲスト、笑顔
2位　図書館、ラジオ、整理
3位　クルマ、鹿嶋、書庫
4位　スタジオ、読書

２０１７年はラジオ番組の収録にたくさんゲストを迎えたこともあり「ゲスト」が1位。「笑顔」が昨年の2位から遂に「ゲスト」と並びトップに立ったが、そんなに頻繁に使っていたのかなぁ、というのが正直な感想。しかし、「笑顔」が1位だなんて、どれだけ素敵な1年であったことかと感慨深い。「整理」や「書庫」は、11月から12月にかけて、ダンボールの山だった未整頓・未整理の本や資料の詰まった書庫を毎日のように片付けてはリポートしていたためである。これは意味があるので、あえて対象とした。

2015年は1位だった「塩尻」はさらに見えないくらいに小さな文字になった。（12月11日集計）

こうして3年を見比べてみると、何が（何の言葉が）頭の中を占めているかがよくわかる。「塩尻」と「鹿嶋」が見事に逆転した。本著のテーマである「スローライフ」の充実した日々が、そのまま上位の言葉に活写されている。

日記は30年近くつけており、総括として、年末に「重大ニュース」「大切な人」を共に10件（人）ほど記している。これをときおり見るのも楽しみであるが、「私がフェイスブック上で、よく使う言葉は？」も、こうして並べてみると実に面白い。

公務員の現職時代だったら、どんな言葉が並んだであろうか。ネガティブな言葉が並んだであろうことは想像に難くない。それがサラリーマン。気楽な稼業じゃないことは辞めてみて、あらためて痛感している。

# 本は旅をする

何度こんな思いを繰り返すのか。いつになったら、そういうミスを犯さないようになるのか。本を出すたびにそう思う。印刷見本が送られてきて、まずページをめくる前に仏壇に報告。それから、恐る恐るページをめくる。あれだけ目を皿にして校正したのだ。誤植や誤記はあるはずがないと思いつつも、「えっ!」というケアレスミスが目に飛び込んでくる。そうなると茫然自失、消え入りたくなるのである。

私の友人は用心に用心を重ね、通常はありえない7校までやったとのこと。それでも人名を間違えたそうだ(正確に言うと、誤植に気づかなかった)。

私も人名のミスに気づいた経験がある。慌てて出版社に電話して、配送前の出来上がったばかりの本に修正シールを貼付してもらった苦い思い出がある。私が人名を間違って覚えていたのではない。パソコン入力時に変換ミスを見落とし、間違えるはずのない人名故に、校正が疎かになった結果の出来事である。手書きの原稿ならば起こり得ないパソコン入力ゆえのミスである。

この一件は拙著を謹呈した友人が直ぐに電話で知らせてくれたから助かった。誤植を見つけても著者にそれを伝えるには勇気がいる。こうした経験から、私は複数の友人(大半が図書館員)に、出稿前の原稿を読んでもらうようにしている。あとがきにも、協力いただいた旨を記すことで永遠の謝意としている。

これが面白いのである。私が直ぐに気づいた簡単な誤植を誰も見つけられない。逆に四人に頼んだら、四人の校正箇所が一致するのは一箇所もないなんてことは普通である。個人の文学全集の注記を例にとっても、初出の単行本にこれだけの誤植があったのだ、とあらためて驚かされることがある。プロが何人も関わっても、こうなのである。

それでも、執筆依頼があると断れないのは、本を上梓しなければ起こりえない邂逅《かいこう》や再会の機会を拙著がつくってくれるからである。

そして、その場所は書店ではない。ほとんどが図書館なのである。くどいようだが、拙著が地方の書店の店頭に並ぶことはない。これまでいただいた拙著の感想が綴られた、見知らぬ、または旧知の方からの数十通の手紙やメールによると、ほとんどが図書館で偶然見つけた、とその出会いが記されている。

既刊の拙著でも書いたが、30年余の時を経て届いた手紙をはじめ、まるで作り話のような展開に驚き、感動することがたびたびある。最近では29年前にタイムスリップする旅を『図書館はまちのたからもの』が運んできてくれた。

その再会と感動を、リレーコラムの執筆者の一人として書かせていただいていた『松本平タウン情報』の「本のたのしみ」に書いた（２０１６年9月6日号掲載）。

## 拙著が紡いだ奇跡

今年6月27日、懐かしい人から封書が届いた。その方との出会いは昭和63年、和歌山県で行われた自治労の教宣集会だった。

当時、私は31歳。市役所の職員組合の執行委員としても活動していた（専従ではない）。全国の仲間がこの集会に参集し、なかでもこの手紙の主と意気投合した。邂逅後、しばらく年賀状のやりとりを続けていたが、この10年余はそれも途絶えてしまっていた。

予期せぬ手紙には、今年の5月に上梓した『図書館はまちのたからもの』（日外アソシエーツ）を偶然、地元の富山県小矢部市の図書館で見つけ、読み進むうち29年前にタイムスリップし、往時の思い出や、その後の29年間の来し方がつづられていた。

早速、お礼の電話をし、近況を語り合う中で、集会で出会った人の近況に及び、後に芥川賞の候補作に2回も選ばれた人、文化プロデューサーとして斯界《しかい》で高名な人など、振り返れば希代の才能を持った人と出会っていたことを知った。

その後、この手紙の主である浅香恵さんには、私がパーソナリティーを務めるラジオ番組に出演いただいた。また、浅香さんは「一冊がつながりに」と題した短文を北日本新聞に投稿。「一冊の本と巡り合い、つながりが結ばれる不思議さ、ありがたさを実感しています」と結んでくれた。

図書館司書が拙著を選んでくれて、私を知る人がその本を手にしたことで始まった物語。この物語が生まれる確率は限りなく奇跡に近い。本は必要とする人に届くために生まれる。しかし、それは簡単なことではない。本はこうして旅を続けるのだ。

（常磐大学非常勤講師）

浅香恵さんは、小矢部市在住で、市立図書館勤務の経験もある元小矢部市役所の職員。1988年10月19〜21日、和歌山県の白浜で開催された全国教宣集会の第8分科会の自治労文芸の合評会に参加をし、そこで浅香さんに出会った。白浜での邂逅後は年賀状の交換はあったものの、この数年はそれも疎音になっていた。

全国教宣集会に参加したのはこの年が初めてであった。この集会で交わした言葉や見聞したことは完全に失念していた。ところが、浅香さんはこの集会で出会った何人かと交流を続けていたらしく、私を含め三人で盛り上がったことを懐かしく語ってくれた。実は本文に綴っている内容は、浅香さんから頂いた手紙を基にしている。そのくらい当時のことを鮮明に覚えているのである。三人のもう一人とは、当時、徳島県北島町役場に勤務されていた小西昌幸さんである。

小西さんは、大学時代にミニコミ誌『ハードスタッフ』を創刊。北島町に採用になった1979年に個人版元の先鋭疾風社を設立。地方・小出版流通センターに加盟し、1980年に『板坂剛の世界』を先鋭疾風社から出版するなど、スーパー公務員そのものだった（最近では、南陀楼綾繁の『編む人』（ビレッジプレス　2017年）で、小西さんが30頁にわたり紹介されている）。浅香さんも短歌で佳作に選ばれており、こういった文芸好きの中で、そのスケールの違いに私は小さくなっているしかなかったように記憶している。

この分科会で、ひときわ目立っていたのが、「ある執行」という小説で、この年の第7回自治労文芸賞に入選した立川市役所の河林満さんだった。ほとんど言葉を交わしていないと記憶しているが、最初から特別な目で見ていたのは確かである。その後、1990年に「渇水」で文學界新人賞を受賞。同年、この作品が第103回芥川賞候補作になった。1993年、『文學界』に掲載された「穀雨」が第109回芥川賞候補になり、1998年に立川市役所を退職する。

その後、警備員などの仕事をしながら創作活動を続け、57歳で鬼籍に入っていたことを教えてくれたのも浅香さんだった。河林さんとも親交のあった浅香さんは志半ばで逝ってしまった河林さんの死を心から嘆かれていた。

早速、浅香さんに教えてもらった河林さんの追悼を特集した『文芸思潮』第23号（2008年）を入手。秋山駿、鎌田慧、大河内昭爾、三田誠広などの名だたる評論家や作家、元立川市職員、ご婦人である幸恵さんなど70ページ余、本誌の5分の1を占める40人の追悼文は圧巻である。巻頭を飾った見覚えのある氏の写真を見て、そうだ、こ

自治労文芸
1988.8
8

文芸思潮
対談
中上健次の遺産
井口時男
高澤秀次
追悼
河林満
渇水
海からの光
同人雑誌優秀作
海辺の家
近藤勲公
セラピープロジェクト
木戸順子
ネパール マオイスト拠点
ロルパ取材記
小倉清子
秀吉の朝鮮捕虜
松本逸也
初夏

の人だ、と早すぎた死を悼むとともに、邂逅後の疎音を惜しんだ。

偶然に顔を合わせた4人の中では私が最年少。先述したように浅香さんは第7回自治労文芸の短歌の部で佳作に選ばれた方、小西さんは博覧強記の公務員、そして河林さんは小説で入選された方、いま思い返せば、すごい才能をもった方々との邂逅をのちに繋げられなかったことが悔やまれる。

浅香さんの弁によれば、当時、小西さんが編集・発行していたミニコミ誌に私が異常に興味を示し、氏が持参したバックナンバーを買い求めていたとのこと。私も鹿嶋でミニコミ誌ではないが、同人誌を友人と1回だけ作った経験がある。小西さんの話に目を輝かせて聞き入っていたことは失念してはいるが、その姿は想像に難くない。

こうして、小矢部市立図書館の蔵書として購入された拙著が三人と私を繋げてくれたのである。黄泉の国に旅立たれた河林さんを偲び、ダンボール箱の山になっている自宅の書庫から、自治労文芸賞入選作「ある執行」が掲載された『自治労文芸』第8号を探し出し読んだ。この作品が書き直されて「渇水」となり、第１０３回芥川賞の候補となった。極めて重いテーマの私小説で、同じ元公務員として通底する何か罪深いものを感ぜずにはいられない。

浅香さんとの再会（直接会ってはいないが）後、頻繁に手紙や電話のやりとりをするようになり、小西さんと浅香さんには、早速、私がパーソナリティを務めるラジオ番組に電話出演していただいた。

『松本平タウン情報』にも書いたように、本は時空を超えて、会いたかった人、忘れていた人を連れてきてくれる。時刻表も路線図も道路地図もない、行き先すらわからない旅へと本は誘ってくれるのである。

出版社から求めがある限り、恥をかき続けることになるが、これからも書いていくつもりである。鹿嶋でのスローライフを中心に「図書館」と関わりながら。

# あとがき

私が鹿嶋の実家を継ぐ必要がなく自由に終の棲家を選べるとしたら、富士山が見えるところに住みたい。しかし、これは生涯叶わぬ夢である。

フリーランスとなり、講演等の仕事で訪ねたまちは100箇所を優に超える。岡山も金沢も福岡も仙台も、どこに行っても、このまちに住んでみたい、と思う。大都市は大都市なりの、田舎は田舎なりの魅力がある。景色、食べ物、方言など、「初めて」見て、食べて、聞く。こんなワクワクすることはない。いろいろ調べたくなるのは元図書館員の性。だから、私を訪ねて鹿嶋に来るゲストはみんな楽しそうなのだ。

「海だ!」と喜ぶ(どうして? と思う)。「でっかい湖!」と驚く(どこが? と思う)。「これが山ですか?」と標高数十メートルの「山」に頬を緩める（これは山としか言いませんよ、茨城では)。地元にないものにはみんな一様に喜ぶのである。この6年余で、いったい何人の方を鹿島神宮に案内しただろうか。200人は下らないだろう。お隣の県の香取神宮だって30人以上案内している。鹿嶋や周辺地域の魅力をゲストがあらためて教えてくれる。その表情を見ているのが私は嬉しいのである。

北浦湖畔の写真は私のフェイスブックの投稿の定番である。「幻想的ですね」「絶景ですね」「すばらしい」などのコメントをいただくたび、この地で生きていることを誇りに思う。

NPOスローライフ・ジャパンの設立の趣旨にこうある。

『ゆっくり、ゆったり、ゆたかに――』。マイナスイメージをプラスに切り替える。結果だけでなく過程を楽しむ。地域の自然・歴史・伝統・文化を大切にして暮らす。感性を磨き、みずみずしい人間関係を取り戻す。こうした価値観の変化は、新しい暮らし方をつくりあげるでしょう。」

寓居の1階はいたるところ掃き出し窓である。庭に白米を撒き、それをついばむスズメなどの小鳥を見ている時間は何よりも心が安らぐ。雨の日に大地を濡らす柔らかな雨音を聞き、台地を叩く激しい雨脚を屋内で見ているのが好きである。

実はこんな時間がたまらなく好きになったのはフリーランスになってからである。スローライフを実践していると、些末な日常がたまらなく魅力的な時間に変わるのである。

鹿嶋だからでもなく、私だからでもない。だれでもどこでもオンリーワンのスローライフを見つければいいと思う。

私はこれまでも「図書館員はまちに出よう」といろんな機会に言ってきた。公務員の中でも図書館員はなかなか地域に出ようとしないように見える。本庁勤務者に比べ変則勤務ということもあろうが、全国あちこち駆け巡るわりに身近な地域での活動がなかなか伝わってこない。

退職した図書館員がどれだけ元の職場を利用しているだろうか。これも気になる。図書館を、図書館員を元気にするのは図書館人の務めだと思う。また、地域で図書館をＰＲするのも図書館人の務めだと思う。それには地域で暮らすと言うよりも生きるという実践が必要だと思う。そんな日々を綴ってみた。

環境サポーターや自警団といった地域の委員を現在は務めているが、決して誇るべき実践はしていない。でも、名前だけでも連ねるのが「地域公務員」の務めではないかと思っている。元公務員も元民間の勤め人も関係ない。誰だって地域公務員になれる。

地域と関わらない限り、地道な地域での図書館のＰＲは到底できない。現職者は当然ながら、図書館人も何らかの関わりをもっていくことで、退職後が豊かになるということを読者に伝えたかった。

スローライフは退職したら待っているものではない。現職中でも、その実践を決めた時が始まりである。

事前の準備は早いほどいい。特に「学習」は大いなる伴走者になってくれる。なんでもいい。とにかく好奇心の赴くまま学んでほしい。何かに夢中になる。図書館員が一番似合う姿のような気がする。

最後に、拙い草稿に目を通し的確な指摘をしてくれた大林正智さん（田原市図書館）、高橋将人さん（南相馬市立図書館）、田中裕子さん（佐世保市立図書館）、道上久恵さん（藤沢市湘南大庭市民図書館）に感謝申し上げる。

三浦なつみさんには、素敵なイラストを描いていただいた。『クルマの図書館コレクション』『図書館からのメッセージ@Dr.ルイスの〝本〟のひととき』（共に郵研社）に次いで三度目である。感謝申し上げる。

そして、駄文しか書けない私に、再び執筆の機会を与えてくれた郵研社社長の登坂和雄氏に衷心からお礼申し上げる。

平成30年6月吉日

**内野安彦**

水上鳥居としては日本一高い鹿島神宮の一の鳥居

**内野安彦**（うちの　やすひこ）

1956年 茨城県に生まれる。1979年鹿島町役場（現鹿嶋市役所）入所。2007年3月退職。同年4月に塩尻市役所に入所。図書館長として新館開館準備を指揮。2010年7月に新館開館。2012年3月退職。現在、立教大学、同志社大学、熊本学園大学で教鞭を執る。筑波大学大学院図書館情報メディア研究科博士後期課程中退。

著書に、『だから図書館めぐりはやめられない』『塩尻の新図書館を創った人たち』『図書館はラビリンス』『図書館長論の試み』『図書館制度・経営論』『ちょっとマニアックな図書館コレクション談義』『図書館はまちのたからもの』『ラジオと地域と図書館と』『クルマの図書館コレクション』『ちょっとマニアックな図書館コレクション談義　ふたたび』『図書館からのメッセージ@ Dr. ルイスの“本”のひととき』等。

**スローライフの停留所《ていりゅうじょ》**

**～本屋《ほんや》であったり、図書館《としょかん》であったり～**

2018年6月19日　初版第1刷発行

著　者　内野　安彦

発行者　登坂　和雄

発行所　株式会社　郵研社

〒106-0041　東京都港区麻布台3-4-11

電話（03）3584-0878　FAX（03）3584-0797

ホームページ http://www.yukensha.co.jp

印　刷　モリモト印刷株式会社

ISBN978-4-907126-18-6　C0095

2018 Printed in Japan